Schimmel, Juristische Klausuren und Hausarbeiten richtig formulieren

# Juristische Klausuren und Hausarbeiten richtig formulieren

von

Dr. jur. Roland Schimmel
Rechtsanwalt, Frankfurt am Main

Luchterhand

Die Deutsche Bibliothek – CIP Einheitsaufnahme

**Schimmel, Roland:**
Juristische Klausuren und Hausarbeiten richtig formulieren /
Roland Schimmel. – Neuwied ; Kriftel ; Berlin : Luchterhand, 1997
  ISBN 3-472-03207-3

Satz: Satz-Offizin Hümmer GmbH, Waldbüttelbrunn
Druck, Bindung: Wilhelm & Adam, Heusenstamm
Printed in Germany, November 1997

∞ Gedruckt auf säurefreiem, alterungsbeständigem und chlorfreiem Papier

# Vorwort

Zwar wird die Beherrschung der juristischen Fachsprache spätestens bei Anfertigung der obligatorischen Übungsarbeiten von Ihnen erwartet. Es gibt aber kaum ein Angebot, sich damit im Unterricht zu befassen. Sie können sich auch nur bedingt darauf verlassen, daß die nötigen Kenntnisse sich als Nebeneffekt beim Erlernen des materiellen Rechts einstellen werden. Wenn man bedenkt, in welchem Maße gerade Juristen für die erfolgreiche Ausübung ihrer Berufe auf verbale Kommunikation angewiesen sind, ist es eigenartig, daß die Aneignung der erforderlichen sprachlichen Fähigkeiten weitgehend dem Zufall überlassen bleibt. Der Text greift dieses Problem – auf dem Niveau des Studienanfängers – auf.

Er ist aus Veranstaltungen für Rechtsstudenten der Anfangssemester hervorgegangen. Seine Entstehung und seine gegenwärtige Form dankt er der kontinuierlichen Mitarbeit der Studenten[1] Gabriele Moog, Philip Gramberg, Christoph Höppler und Rüdiger Koch. Dank für ihre Unterstützung und eine Reihe von Verbesserungsvorschlägen gebührt Prof. Dr. H.-P. Benöhr, Dr. Barbara Geck, Ruth Hoffmann sowie den Kollegen an der Universität Frankfurt/Main, die zur Verdeutlichung des Gesagten beigetragen haben, indem sie Beispiele aus studentischen Übungsarbeiten zur Verfügung stellten. Heidi Fendler hat den Abschnitt zum Strafrecht mehr neu geschrieben als überarbeitet. Martin Georg half bei der Aufbereitung des Manuskriptes für den Druck. Verbesserungsvorschläge sind willkommen.

Frankfurt/Main, September 1997                                   *Roland Schimmel*

---

1   Eigentlich müßte hier »StudentInnen« stehen. Auf die Verwendung dieser Konstruktion wird
    im ganzen Text weniger aus frauendiskriminierender Absicht als aus Gründen der Lesbarkeit
    verzichtet.

# Inhalt

Inhalt

# Abkürzungsverzeichnis

| | |
|---|---|
| Abk. | Abkürzung |
| Abs. | Absatz |
| a. E. | am Ende |
| AGBG | Gesetz zur Regelung des Rechts der Allgemeinen Geschäftsbedingungen |
| Alt. | Alternative |
| AP | Arbeitsrechtliche Praxis (Zeitschrift) |
| Art. | Artikel |
| Aufl. | Auflage |
| BAG | Bundesarbeitsgericht |
| BAGE | Entscheidungen des Bundesarbeitsgerichts |
| BB | Der Betriebsberater (Zeitschrift) |
| Bd. | Band |
| BGB | Bürgerliches Gesetzbuch |
| BGBl. | Bundesgesetzblatt |
| BGH | Bundesgerichtshof |
| BGHZ | Entscheidungen des Bundesgerichtshofs in Zivilsachen |
| BVerfG | Bundesverfassungsgericht |
| BVerwG | Bundesverwaltungsgericht |
| ders. | derselbe |
| DÖV | Die Öffentliche Verwaltung (Zeitschrift) |
| DVBl. | Deutsches Verwaltungsblatt (Zeitschrift) |
| etc. | et cetera |
| f.,ff. | folgende |
| Fn. | Fußnote |
| FS | Festschrift |
| GewO | Gewerbeordnung |
| GG | Grundgesetz |
| ggf. | gegebenenfalls |
| GmbH | Gesellschaft mit beschränkter Haftung |
| GVG | Gerichtsverfassungsgesetz |
| HaftPflG | Haftpflichtgesetz |
| HGB | Handelsgesetzbuch |
| h. M. | herrschende Meinung |
| Hrsg. | Herausgeber |

| | |
|---|---|
| HSOG | Hessisches Gesetz über die öffentliche Sicherheit und Ordnung |
| i. S. d. | im Sinne des |
| JA | Juristische Arbeitsblätter (Zeitschrift) |
| Jura | Jura (Zeitschrift) |
| JuS | Juristische Schulung (Zeitschrift) |
| JZ | Juristenzeitung (Zeitschrift) |
| KJ | Kritische Justiz (Zeitschrift) |
| KSchG | Kündigungsschutzgesetz |
| LG | Landgericht |
| MDR | Monatsschrift für Deutsches Recht |
| NJW | Neue Juristische Wochenschrift |
| NJW-RR | NJW-Rechtsprechungsreport |
| Nr. | Nummer |
| o. ä. | oder ähnlich |
| OLG | Oberlandesgericht |
| ProdHaftG | Produkthaftungsgesetz |
| RG | Reichsgericht |
| RGBl. | Reichsgesetzblatt |
| RGZ | Entscheidungen des Reichsgerichts in Zivilsachen |
| S. | Satz, Seite |
| StGB | Strafgesetzbuch |
| StVG | Straßenverkehrsgesetz |
| u. a. | und andere, unter anderem |
| u. ä. | und ähnliches |
| VGH | Verwaltungsgerichtshof |
| VwGO | Verwaltungsgerichtsordnung |
| VwVfG | Verwaltungsverfahrensgesetz |
| z. B. | zum Beispiel |

# Teil 1: Einige Vorbemerkungen

## A. Warum ein solches Buch?

Dieser Text befaßt sich hauptsächlich mit Gutachtentechnik und juristischer Sprache. Aus folgenden Gründen sollten besonders Studenten der Anfangssemester diesem Gegenstand Aufmerksamkeit zuwenden:

1. Die juristische Gutachtentechnik gewährleistet in hohem Maße ein inhaltlich »richtiges« (das heißt: jedenfalls vertretbares) Ergebnis bei der Beurteilung von Rechtsfällen. Einschränkend ist allerdings zu sagen, daß es schwer ist, wirklich konsequent im Gutachtenstil zu denken. Herstellung und Darstellung des Ergebnisses folgen unterschiedlichen Regeln. Trotzdem sollte man die Regeln über die Herstellung »im Idealfall« so gut wie möglich lernen – nicht zuletzt, weil gutachtenorientiertes Vorgehen manchmal Arbeit und oft Fehler erspart.

2. Gutachten- und Subsumtionstechnik sind Teil der von Ihnen erwarteten Prüfungsleistungen[1]. Stellen Sie sich die Situation Ihres Prüfers vor: Für ihn ist die gestellte Aufgabe leicht, weil er fragen kann, was er weiß, und zudem genug Zeit hat, über eine unsichere Antwort nachzudenken. Jede fehlerhafte Antwort ist für ihn eine Enttäuschung. Mit sprachlichen und handwerklichen Fehlern steigern Sie diese noch. Umgekehrt freut sich der Leser, wenn er nach einer Reihe von Katastrophen Ihre gelungene Arbeit in die Hand bekommt.

Die Wichtigkeit eines anständigen Umgangs mit juristischer Sprache sollten Sie nicht über-, aber auch nicht unterschätzen. Es ist zwar nicht erforderlich, die sprachliche Gestaltung Ihrer Ausführungen zu einem Fetisch zu machen – in der Tat kommt auch der inhaltlichen Qualität des Gesagten hohe Bedeutung zu. Wenn Sie aber über gute Argumente in der Sache verfügen, sollten Sie sie sprachlich gelungen präsentieren; wenn nicht, muß die sprachliche Form die inhaltliche Überzeugungskraft ersetzen.

Schließlich ist die Sprache das »Handwerkszeug« des Juristen. In Gesetzen oder Verträgen kommt es oft genug auf die genaue Bedeutung einzelner Worte an. Deshalb müssen gerade Juristen mit der Sprache sehr bedacht umgehen.

---

1 Die meisten im folgenden angebotenen Hinweise und Erklärungen beziehen sich auf juristische Gutachten- und Subsumtionstechnik. Diese Technik brauchen Sie in der Mehrzahl aller Prüfungsarbeiten. In sogenannten Themenarbeiten und in Seminararbeiten können Sie sie nur mittelbar zur gedanklichen Aufarbeitung des Gegenstands einsetzen; für die Darstellung Ihrer Ergebnisse gelten andere Regeln.

## B.  Vier Schritte zur erfolgversprechenden Benutzung

Entgegen anderslautenden Vermutungen haben Sie mit dem bloßen **Erwerb** dieses Buchs lediglich den ersten Schritt getan. Dieser ist wichtig und richtig, genügt aber noch längst nicht. Der zweite Schritt besteht darin, den Text zu **lesen**. Das geht schnell. Bedenken Sie aber: Es bleibt nur wenig hängen. Das merken Sie spätestens beim dritten Schritt: Sie müssen sich den Inhalt **erarbeiten**. Wie das geht, weiß man nicht so genau; einige Vorschläge und Arbeitsanweisungen finden Sie aber im Text. Der vierte Schritt ist einfach, aber zeitaufwendig: **Üben, üben, üben**[2]. Sie haben Ihr ganzes Studium Zeit, aber je früher Sie sich Erfahrung aneignen, desto besser.

## C.  Vier Warnungen

Dieser Text ist nicht zitierfähig, jedenfalls **nicht zitierbedürftig**. Er ist nicht »wissenschaftlich« angelegt und will nicht den Eindruck erwecken, schon die Beschäftigung mit den Grundzügen der Gutachtentechnik sei eine hochkomplizierte Angelegenheit.

Er ist auch **keine »Bibel«**: Er enthält keine alleinverbindlichen Aussagen, an die sich der Rest der Welt halten muß. Vorrang genießt im Konfliktfall, was Ihnen der Leiter Ihrer Übung sagt.

Er ist **nicht vollständig** und enthält **keine Patentrezepte**: Wenn Sie alles beherzigen, was Sie hier lesen, ist es immer noch möglich, etwas falsch zu machen.

Selbst gute juristische Anleitungsbücher erwecken stellenweise den Eindruck, man müsse sich nur an eine Reihe von Regeln halten, um mit größter Wahrscheinlichkeit die Klausur oder die Hausarbeit mit einer Prädikatsnote zurückzubekommen. Anstelle einer weiteren systematischen Anleitung »Wie bestehe ich garantiert jede Klausur/Hausarbeit?« finden Sie hier nur vereinzelte Hinweise. Das ist ehrlicher.

Er ist auch **kein Lehrbuch**. Lerneffekte im materiellen Recht sind zufällige Nebenwirkungen. Die Beispielfälle versuchen, Sie auf dem Niveau des ersten Semesters abzuholen, so daß es geschehen kann, daß Sie als Anfänger bei der Lektüre etwas lernen. Um aber systematisch materielles Recht zu lernen, benutzen Sie ein Lehrbuch[3]. Wenn Sie sich ausführlicher als hier möglich mit Rechtstheorie befassen wollen, ziehen Sie die unten angegebenen[4] Bücher in Erwägung.

---

2  Zur Wiederholung lesen Sie etwa: Nemitz, Reinhard: Die Schemata, Bd. I: Technik der Fallbearbeitung – Bürgerliches Recht, Strafrecht, Öffentliches Recht, 2. Aufl., Gießen 1995, oder Tettinger, Peter J.: Einführung in die juristische Arbeitstechnik, 2. Aufl., München 1992.

3  Die Bücher, die in diesem Text empfohlen werden, sollen Sie nicht alle – und auch nicht sofort – kaufen. Vielleicht ist es aber nützlich, im Juristischen Seminar die Signaturen herauszusuchen und hier an den Rand zu schreiben, damit Sie sie schnell finden, wenn Sie sie brauchen. Außerdem lernt man so, wie der Katalog des Seminars zu benutzen ist.

4  Unten S. 7 Fn. 5.

# Teil 2: Zur Struktur des Rechtsgutachtens – Fälle

## Kapitel 1: Theorie – Das Notwendigste

Bevor man sich näher mit der Gutachtentechnik befaßt, muß man ein grobes Verständnis von der Funktionsweise juristischer Schlußfolgerungen haben. Soweit diese hier von Interesse sind, handelt es sich um die Anwendung allgemeiner Sollenssätze (*Normen*) auf konkrete Situationen (*»Fälle«, »Sachverhalte«*). Um aus allgemeinen Sätzen auf den konkreten Fall bezogene Aussagen zu gewinnen, bedient man sich eines logischen Schlusses, der *Syllogismus* genannt wird.

## A. Der Syllogismus

Man kann den Syllogismus als ein Verfahren begreifen, mit dem man auf überzeugende Weise Antworten zu Fragen findet. Antworten haben die Form von Aussagen. Überprüfen Sie das am eigenen Sprachgebrauch. Mittels syllogistischer Schlüsse lassen sich aus bereits vorhandenen Aussagen neue gewinnen und auf diesem Wege Fragen beantworten.

Zunächst das schon klassische erste Beispiel:
Die etwas akademische **Frage** lautet
*Ist Sokrates sterblich?*
Die **Antwort** wird nun folgendermaßen gewonnen:
Zuerst braucht man eine allgemeine Aussage der Art: *Alle x sind a.*

*Alle Menschen sind sterblich.*

Dann stellt man fest *y ist ein Fall von x.*

*Sokrates ist ein Mensch.*
Daraus ergibt sich *y ist a.*
*Sokrates ist sterblich.*

Die gewonnene Information im letzten Satz wirkt trivial: Daß Sokrates sterblich ist bzw. war, wußten wir auch schon vorher. Das dargestellte Verfahren läßt aber – weil logisch zwingend – auch in Fällen Schlüsse zu, in denen die Antwort nicht auf der Hand liegt.

Ein zweites Beispiel, nunmehr mitten aus dem Leben:

Das fünfjährige Kind (K), das angesichts eines lärmenden Pitbulls (P) etwas nervös geworden ist, fragt seine Mutter (M):

*Beißt der?*
M sagt:
*Hunde, die bellen, beißen nicht.*
K schließt flugs
*P ist ein Hund und P bellt.*
*Also beißt P nicht.*
und ist ungemein beruhigt.

Die in den bisherigen Beispielen verwendeten Aussagen sind deskriptiver (beschreibender) Art; deswegen klingen sie wenig »juristisch«. Das ändert sich, wenn man Fragen stellt, die den Einsatz präskriptiver (vorschreibender) Aussagen erfordern. Präskriptive Aussagen ordnen etwas an und werden typischerweise nicht mit *ist*, sondern mit *soll* formuliert: *Wer einem anderen dessen Eigentum wegnimmt, soll als Dieb bestraft werden.* Präskriptive Aussagen werden im folgenden »Normen« genannt.

Ein drittes Beispiel, diesmal aus dem Strafrecht:
Die **Frage** lautet
*Soll der Mörder T bestraft werden?*[1]

Die Ableitung der **Antwort**:
*Alle Mörder sollen bestraft werden.* Lesen Sie dazu §§ 211 f. StGB.
*T ist ein Mörder.*
*T soll (als Mörder) bestraft werden.*

Das ging kurz und schmerzlos. Problematisch ist meist die überzeugende Gewinnung der zweiten Aussage (*T ist ein Mörder*). Auch diese kann man nach dem vorgeführten Ableitungsschema herstellen:

*Alle Soldaten sind Mörder.*[2]
*M ist Soldat.*
*M ist ein Mörder.*

---

1 In Übungsarbeiten wird meist unspezifischer gefragt: *Hat T sich strafbar gemacht?* o. ä.
2 Hat der bekannte deutsche Publizist Kurt Tucholsky das so geschrieben? Wenn nein, wie sonst? Lesen Sie nach in: Der bewachte Kriegsschauplatz, Gesammelte Werke, Hrsg. Mary Gerold-Tucholsky / Fritz J. Raddatz, Reinbek 1960, Bd. 9 – 1931, S. 253. Überlegen Sie, was passiert, wenn man wie hier eine falsche Aussage verwendet. Wird das Ergebnis zwangsläufig falsch? Bleibt der Schluß logisch richtig?

Zur Beantwortung juristischer Fragen muß man oft derartige Schlüsse mehrfach ineinander verschachtelt vollziehen.

Zum Beispiel:
Die **Frage laute** wiederum: *Ist T strafbar?*
Vorgegebene Information (Sachverhalt): *T ist Berufsoffizier.*

Ableitung der **Antwort**:
*Alle Mörder sind strafbar.*
> *Alle Soldaten sind Mörder.*
>> *Alle Berufsoffiziere sind Soldaten.*
>> *T ist Berufsoffizier.*
>> *T ist Soldat.*
>
> *T ist Soldat.*
> *T ist ein Mörder.*

*T ist ein Mörder.*
*T ist (als Mörder) strafbar.*

Ein viertes Beispiel, jetzt aus dem Zivilrecht:
Die Aussage
*Alle x sind a*

kann man für das Verhältnis zwischen dem Eigentümer und dem Besitzer einer Sache umformulieren in:

*Alle Eigentümer sind berechtigt, vom Besitzer ihrer Sache deren Herausgabe zu verlangen[3].*

oder kürzer:

*Jeder, der Eigentümer einer Sache ist, kann vom Besitzer deren Herausgabe verlangen.*

In der Sprache des Gesetzes heißt das:

*Der Eigentümer kann vom Besitzer die Herausgabe der Sache verlangen.* Lesen Sie § 985 BGB.

Durch die Umformulierungen bleibt der Charakter des Satzes als allgemeine Aussage unberührt.

Den zweiten Satz bildet man dann abhängig vom konkreten Fall, dem Sachverhalt.
*E ist Eigentümer eines Buches, das B in Besitz hat.*

---

3 Die dritte Voraussetzung des Anspruchs aus § 985 BGB, das fehlende Besitzrecht (§ 986), ist hier der Einfachheit halber weggelassen.

Daraus läßt sich nun schließen:

*E kann von B die Rückgabe (»Herausgabe«) des Buches verlangen.*

Die Beispiele sind der Übersichtlichkeit halber recht einfach gewählt. Nach diesem Schema und einigen wenigen verwandten läuft aber ein erheblicher Teil juristischer Begründungsarbeit ab, auch wenn Sie es mit viel komplizierter aufgebauten Normen und umfangreicheren Fällen zu tun haben.

Das war ein kurzer Abriß des Weges, auf dem eine Entscheidung im Kopf hergestellt wird. In nicht ganz so formalisierter Form ist das allgemein bekannt.

Die Darstellung dieses Prozesses auf dem Papier für juristische Zwecke folgt nun besonderen Regeln.

## B. Gutachtenstil

Die mit der skizzierten Methode gefundenen Ergebnisse kann man auf unterschiedliche Arten darstellen. Die eine wird **Urteilsstil** genannt und entspricht weitgehend dem »ungetrübten« Sprachgebrauch.

Der sieht ungefähr so aus:

Frage:     *Hat A nun einen Anspruch gegen B?*
Antwort:   *Ja, denn … (die im Gesetz genannten Voraussetzungen liegen vor).*

So sollen Sie – vorläufig – aber gerade nicht vorgehen. Die andere Darstellungsart heißt **Gutachtenstil** und muß erst erlernt werden. Sie folgt weitgehend dem soeben beschriebenen syllogistischen Weg der Herstellung der Entscheidung. Das hat den Vorteil, daß die Art der Darstellung es dem Leser erleichtert, die Folgerichtigkeit der Herstellung zu überprüfen. Am Stil der Darstellung soll erkennbar werden, daß Sie unvoreingenommen an den Fall herangegangen sind und das Ergebnis selbst noch nicht kannten. Regelmäßig kennen Sie allerdings bei Beginn der Niederschrift das Ergebnis schon genau.

Die Begründung im Gutachtenstil sieht etwa folgendermaßen aus:

Frage:     *Hat A nun einen Anspruch gegen B?*

Antwort:   *1. A kann gegen B einen Anspruch haben, wenn die gesetzlichen Voraussetzungen dafür gegeben sind.*

*2. Die im Sachverhalt mitgeteilten Informationen erfüllen die gesetzlichen Voraussetzungen.*

*3. A hat daher einen Anspruch gegen B.*

Allgemeiner formuliert:

### 1. Schritt: Voraussetzungen

Sie müssen also immer zuerst nach den Voraussetzungen für die im konkreten Fall interessierende Rechtsfolge fragen. Dann suchen Sie aus dem Gesetz Rechtsnormen heraus, die das Eintreten dieser Rechtsfolge anordnen.

### 2. Schritt: Prüfung

Als nächstes stellen Sie fest, ob diese in Rechtsnormen abstrakt beschriebenen Voraussetzungen im konkreten Fall vorliegen. Dazu wird jede einzelne Voraussetzung definiert und sodann der konkrete Fall unter diese Definition subsumiert. Das bedeutet, er wird dergestalt mit ihr verglichen, daß man entscheiden kann, ob die tatsächlichen Umstände (Sachverhalt) den gesetzlichen Voraussetzungen (Tatbestand) untergeordnet werden können oder nicht.

Der zweite Schritt ist oft sehr umfangreich. Nur der Übersichtlichkeit halber ist er im Beispiel mit einem einzigen Satz wiedergegeben. Aber wie lang auch immer der dorthin gehörige Text wird, Sie sind nicht von der Pflicht entbunden, die Schritte 1 und 3 darzustellen[4]. Gerade bei unübersichtlicher Länge der Prüfung ist der Leser auf Obersätze (1. Schritt) und (Zwischen-)Ergebnisse (3. Schritt) zur Orientierung angewiesen.

### 3. Schritt: Folgerung

Erst im letzten Schritt kommen Sie zum Ergebnis und damit zur Antwort auf die Ausgangsfrage.

Beim Gutachtenstil gilt also immer: Das Ergebnis kommt **nach** der Prüfung.

Die Abfolge der Schritte kann man sich anhand des von Larenz[5] verwendeten Schemas verdeutlichen:

1. $T \Rightarrow R$     Tatbestand führt zu Rechtsfolge (Rechtsnorm)
2. $S = T$       Sachverhalt entspricht Tatbestand
3. $S \Rightarrow R$     Sachverhalt führt zu Rechtsfolge

---

4 Häufiger Fehler!

5 Larenz, Karl: Methodenlehre der Rechtswissenschaft, 6. Aufl., Berlin etc. 1991, Studienausgabe Larenz / Canaris, 3. Aufl. Berlin etc. 1995. Literaturempfehlungen: zur Einführung: Zippelius, Reinhold: Juristische Methodenlehre, 6. Aufl. München 1994; gut, aber teuer: Koller, Peter: Theorie des Rechts, 2. Aufl. Wien etc. 1997; ausführlich: Koch, Hans-Joachim / Rüßmann, Helmut: Juristische Begründungslehre, 2. Aufl. München 1982 (vergriffen); Herberger, Maximilian / Simon, Dieter: Wissenschaftstheorie für Juristen, Frankfurt/Main 1980 (vergriffen).

Rechtsnormen haben, soweit sie hier von Interesse sind, eine konditionale (bedingende) Struktur. Das heißt, sie sind nach dem *Wenn-dann*-Schema aufgebaut:

*Wenn* die im Tatbestand der Norm beschriebenen Voraussetzungen gegeben sind, *dann* tritt die Rechtsfolge ein (abgekürzt: T ⇒ R, lies: Die Rechtsfolge tritt ein, wenn der Tatbestand erfüllt ist).

Nicht immer steht Ihnen diese Struktur beim Lesen des Gesetzes sofort klar vor Augen. Beim Eigentumsherausgabeanspruch aus § 985 BGB ist es recht einfach. Beim Anspruch aus Wandlung (§§ 346, 476, 465, 462, 459 BGB) müssen Sie sich die Rechtsnorm erst aus mehreren Bestimmungen im Gesetz zusammensuchen. Man lernt das im Lauf der Zeit.

## 1. Obersatz (= 1. Prämisse, praemissa maior)[6]

### a) Inhalt des Obersatzes

Der Obersatz besteht in der Regel aus einer Norm, also einer präskriptiven Aussage des Inhalts, daß bei Vorliegen bestimmter Voraussetzungen eine bestimmte Rechtsfolge eintreten solle, kurz: einer Rechtsfolgenanordnung.

Allgemein ausgedrückt wird die Norm für den Obersatz folgendermaßen umformuliert:

*Die Rechtsfolge tritt ein, wenn die im Tatbestand beschriebenen Voraussetzungen vorliegen.*

Wenn aus der Aufgabenstellung nichts anderes erkennbar ist, soll der Einstieg in die zivilrechtliche Fallbearbeitung immer über **Anspruchsnormen** gewählt werden[7]. Sie vermeiden damit unerfreuliche Kommentare des Korrektors nach dem Strickmuster: »Kein Anspruch unter dieser Nummer«.

### Exkurs: Woran erkennt man eine Anspruchsgrundlage?[8]

Meistens gibt die Formulierung der Norm Aufschluß über ihren Anspruchsgrundlagencharakter: Auf der Rechtsfolgenseite steht *Anspruch* (Beispiel: § 1004 II BGB), *kann verlangen* (Beispiel: § 1004 I 1 BGB), *kann klagen* (Beispiel: § 1004 I 2 BGB), *ist zu(r) . . . verpflichtet* (Beispiel: § 812 I 1 BGB), *hat herauszugeben* (Beispiel: § 987 I BGB), *haftet für* (Beispiel: §§ 459 I, 437 I BGB) etc. Leider stimmt das nicht immer: Nach dem genannten Kriterium wären auch § 251 und § 847 BGB Anspruchsgrundlagen; § 251 BGB enthält aber nur eine Rechtsfolgenanordnung, der Charakter des § 847 BGB als Anspruchsgrundlage ist umstritten. In Zweifelsfällen empfiehlt sich also bei Hausarbeiten das Nachschlagen in Kommentaren

---

6 Bei Larenz: T ⇒ R.

7 Im strafrechtlichen Gutachten steht an der Stelle der Anspruchsnorm ein Tatbestand aus dem Besonderen Teil des StGB (oder aus dem Nebenstrafrecht).

8 Lesen Sie zur Legaldefinition des Anspruchs § 194 I BGB.

oder Lehrbüchern. Außerdem können Sie einmal identifizierte Anspruchsgrundlagen in Ihrem Gesetzestext markieren.

Testfrage: Ist nach diesen Kriterien § 276 BGB eine Anspruchsgrundlage?

### b) Funktion des Obersatzes
Hier ist für den Leser Ihres Gutachtens das im folgenden zu untersuchende Problem zu kennzeichnen:

*⟨Anspruchsteller⟩ (1) kann gegen ⟨Anspruchsgegner⟩ (2) einen Anspruch auf ⟨Anspruchsziel⟩ (3) aus ⟨Anspruchsgrundlage⟩ (4) haben.*

### Merkfrage: Wer (1) will was (3) von wem (2) woraus (4)?[9]

Beispiel: *V kann gegen K einen Anspruch auf Kaufpreiszahlung aus § 433 II BGB haben.*

Auf die damit aufgeworfene Frage ist bei der Formulierung des Ergebnisses (Schlußfolgerung) zurückzukommen. Obersatz und Folgerung bilden also die Klammer für die Erörterung eines Problems. Eine Klammer, die man geöffnet hat, muß man auch wieder schließen. Schreiben Sie keinen Obersatz ohne dazugehöriges Ergebnis – und umgekehrt.

### c) Zweckmäßige Formulierung des Obersatzes
Bei der Formulierung muß deutlich werden, daß es um ein Erfordernis oder eine Möglichkeit geht, über dessen bzw. deren Eintritt noch nichts bekannt ist – sonst wäre eine Prüfung nicht mehr nötig. Im Obersatz darf daher auf keinen Fall das Ergebnis vorweggenommen werden. Einzelne Formulierungsvorschläge finden Sie im 3. Teil[10].

### 2. Untersatz (= 2. Prämisse, praemissa minor)[11]

Hier erfolgt die Subsumtion, das heißt die Unterordnung des konkreten Sachverhalts unter die abstrakte Norm oder das abstrakte Merkmal.

Es wird festgestellt, ob der vorliegende Fall unter die ausgesuchte(n) Rechtsnorm(en) paßt. Das kann im Einzelfall schwierig und langwierig sein, etwa weil die Norm zunächst ausgelegt werden muß.

Allgemeine Form:

*Die im Tatbestand der Norm festgelegten Voraussetzungen sind im konkreten Fall erfüllt.*

---

9 Vgl. dazu auch S. 34 f.
10 S. 31 ff.
11 Bei Larenz: S = T.

Oft wird es erforderlich, innerhalb des Untersatzes für einzelne Merkmale des Tatbestands den Dreischritt aus Obersatz-Untersatz-Schlußsatz noch einmal oder mehrmals durchzuführen. Die Struktur der Prüfung besteht gewissermaßen aus sich selbst[12].

### 3. Schlußsatz (= Folgerung, conclusio)[13]

Im Ergebnis wird festgestellt, daß die in einer Norm angeordnete Rechtsfolge auch für den vorliegenden Fall einschlägig ist – oder eben nicht, wenn nicht alle Voraussetzungen vorliegen.

Beispiel: *V hat gegen K einen Anspruch auf Kaufpreiszahlung aus § 433 II BGB.*

Zur Verdeutlichung der **Unterschiede zwischen Gutachten- und Urteilsstil**: Während beim Urteilsstil der Weg rückwärts (vom Ziel zum Ausgangspunkt) dargestellt wird, verfährt man beim Gutachtenstil so, daß von jedem erreichten Zwischenziel aus zunächst ein weiteres Ziel angepeilt wird, dann der Weg dorthin begangen und dann festgestellt wird, ob man dort angekommen ist.

Anders gesagt: Der **Urteilsstil** ist gekennzeichnet durch **kausale Nebensätze**,

*Der Anspruch steht dem G zu,* **weil** S versprochen hat, ihm das Fahrrad zu übereignen.

während der **Gutachtenstil** sich durch **Konsekutivsätze** auszeichnet.

*S hat versprochen, dem G das Fahrrad zu übereignen,* **so daß** dem G ein Anspruch hierauf zusteht.

---

12  Siehe oben das 3. Beispiel, S. 4.
13  Bei Larenz: S ⇒ R.

# Kapitel 2: Anwendung

Wie man die soeben beschriebenen Techniken praktisch umsetzt, wird nun anhand von Übungsfällen verdeutlicht.

Auch die einfachsten denkbaren Beispiele sind nicht ohne rechtliche Kenntnisse zu bearbeiten. Wenn Sie diesen Text als völliger Anfänger benutzen, müssen Sie deswegen laufend im Gesetz und gelegentlich in einem Lehrbuch nachschlagen. Noch einmal: Lesen ist nützlich – aber Lesen allein genügt nicht. Beachten Sie die drei goldenen Regeln (»Üben, üben, üben!«)[14].

## A. Zur Schematisierung

Um Ihnen beim Durcharbeiten der nachstehenden Übungsfälle die allgemeine und weitgehend zwingende Struktur sichtbar zu machen, finden Sie am Rand des Gutachtens eine Zahlenkombination. Deren Funktion als Orientierungshilfe und Gedankenstütze wird im folgenden kurz erläutert.

**Wichtig:** Diese Schematisierung ist **kein Prüfungsstoff**; Sie müssen sie nicht lernen. Die Zahlen sollen Ihnen nur die Erarbeitung der Fälle in diesem Text erleichtern. Man kann die Struktur eines Gutachtens aber auch verstehen, ohne dieses Hilfsmittel zu verwenden.

Ansonsten sieht es mathematischer aus, als es ist.

Verwenden Sie eine solche Schematisierung beim Anfertigen von Übungsarbeiten nur im Kopf, nicht aber auf dem Papier.

Die einzelnen Arbeitsschritte werden durch einen dreistelligen Zahlencode gekennzeichnet. Dadurch erhalten Sie die Möglichkeit, dem Gutachten ohne ständige Unterbrechungen durch Zwischenbemerkungen oder Erklärungen zu folgen und trotzdem immer kontrollieren zu können, an welchem Punkt des Gutachtens Sie sich gerade befinden.

Die letzte Ziffer sagt Ihnen, was im Gutachten gerade getan wird, die ersten beiden beschreiben den Ort innerhalb des Gutachtens.

---

14 Literaturempfehlung zum Vor- oder Nacharbeiten: Eine gute Entwicklung der Fallbearbeitungstechnik anhand eines einfachen zivilrechtlichen Falles findet sich bei Köbler, Die Anfängerübung mit Leistungskontrolle im bürgerlichen Recht, Strafrecht und öffentlichen Recht, 7. Aufl., München 1995. Fälle im Format von Übungsarbeiten finden Sie regelmäßig in den juristischen Ausbildungszeitschriften (JuS, JA, Jura).

Für die Erklärung des Prinzips benennen wir die drei Zahlen ihrer Position nach mit Buchstaben. Die erste Ziffer nennen wir x, die zweite y und die dritte z; die allgemeine Form heißt also xyz.

Wird in der Erläuterung die jeweilige Variable verwendet, so bedeutet das, daß es nicht auf den konkreten Wert ankommt, sondern sich nur um allgemeine Hinweise zu der jeweiligen Position handelt.

### Die dritte Stelle (z):
Die Ziffern an der dritten Stelle stehen für die beim schulmäßigen Gutachtenstil zwingenden Schritte *Voraussetzung*(en), *Prüfung*, und am Ende *Ergebnis*.

An der dritten Stelle können damit nur Ziffern von 1 bis 3 stehen. Achten Sie beim Arbeiten darauf, daß die Reihenfolge immer 1–2–3 ist.

| | | |
|---|---|---|
| xy1: | Voraussetzung | – Obersatz |
| xy2: | Prüfung | – Untersatz |
| xy3: | Folgerung | – Schlußsatz |

In Worten: Ist die letzte Zahl der Dreierkombination eine 1, so ist der rechts daneben stehende Satz ein Obersatz. Ist sie eine 2, so findet eine Prüfung statt, bei einer 3 handelt es sich um ein Ergebnis.

### Die zweite Stelle (y):
Die zweite Stelle ist deshalb notwendig, weil während einer Prüfung (dritte Stelle = 2, also innerhalb des Schrittes xy2) oft auf die nächstuntergeordnete Ebene gewechselt werden muß: Die Prüfung einer Anspruchsnorm erfordert immer das Durchlaufen des syllogistischen Dreischritts für jede einzelne Tatbestandsvoraussetzung.

Der Tatbestand einer Anspruchsnorm (x1z) setzt sich aus mindestens einem, meist mehreren Tatbestandsmerkmalen (x2z) zusammen. Jedes dieser Tatbestandsmerkmale kann wiederum durch das Zusammentreffen mehrerer Teilmerkmale (x3z) definiert sein, die ihrerseits nur zu bejahen sind, wenn alle ihre Untermerkmale (x4z) vorliegen. Und so weiter, theoretisch ad infinitum.

| | |
|---|---|
| x1z: | Anspruchsnorm-Ebene |
| x2z: | Tatbestandsmerkmal-Ebene |
| x3z: | Teilmerkmal eines Tatbestands |
| x4z: | Untermerkmal eines Teilmerkmals eines Tatbestands |

An der zweiten Stelle kann also – abhängig von der Komplexität des jeweils geprüften Tatbestands – eine hohe Zahl stehen. Erst wenn alle Tatbestandsmerkmale (..., x4z, x3z, x2z) nach dem Dreischritt der dritten Stelle durchgeprüft worden sind, ist die Prüfung (xy2) der Anspruchsnorm (x1z) abgeschlossen.

**Die erste Stelle (x):**
Die erste Stelle enthält eine laufende Numerierung innerhalb der Ebene, auf der
Sie gerade arbeiten.

1yz:   Erstes Merkmal auf der betreffenden Ebene (z. B. erstes Tatbestandsmerk-
      mal: 12z).

2yz:   Zweites Merkmal auf der betreffenden Ebene (z. B. zweiter Anspruch:
      21z)

3yz:   Drittes Merkmal auf der betreffenden Ebene (z. B. drittes Teilmerkmal:
      33z)

An der ersten Stelle können – abhängig von der Zahl der zu prüfenden Merkmale –
hohe Zahlen stehen.

Die Normstruktur
*Wenn die Tatbestandsmerkmale erfüllt sind, tritt die Rechtsfolge ein*
kann im konkreten Fall so aussehen:
$Tbm1 + Tbm2 + Tbm3 \Rightarrow R$
Das dritte Tatbestandsmerkmal hieße dann 32z

Versuchen Sie gelegentlich, Rechtsnormen wie hier aufzugliedern, zum Beispiel
die §§ 823 I und 929 S. 1 BGB[15].

| | | |
|---|---|---|
| Anspruchsnorm | Voraussetzung(en) | = x11 |
| | Prüfung | = x12 |
| | Folgerung | = x13 |
| Tatbestandsmerkmal | Voraussetzung(en) | = x21 |
| | Prüfung | = x22 |
| | Folgerung | = x23 |

usw.

Die oben angesprochene *Wenn-dann*-Struktur von Rechtsnormen läßt sich an einem ganz primitiven Beispiel verdeutlichen. In dieser Einfachheit findet sich das
in Prüfungen natürlich nie.

**Fall 0:**
Variante a)   Alle Voraussetzungen eines Kaufpreiszahlungsanspruchs des V gegen
            den K sind gegeben.
            Kann V von K Zahlung verlangen?

---

15  Zur Wiederholung: Welches ist eine Anspruchsnorm? Warum?

Variante b) Bis auf eine Voraussetzung dieses Anspruchs sind alle gegeben. Besteht ein Zahlungsanspruch?

Gutachten zur Variante a)

111: V kann von K Zahlung verlangen, wenn die Voraussetzungen eines darauf gerichteten Anspruchs vorliegen.

112: Die Voraussetzungen des Kaufpreiszahlungsanspruchs aus § 433 II BGB liegen vollständig vor.

113: V kann also von K Zahlung des Kaufpreises verlangen.

Gutachten zur Variante b)

111: V kann von K Zahlung verlangen, wenn die Voraussetzungen eines darauf gerichteten Anspruchs vorliegen.

112: Die Voraussetzungen des Kaufpreiszahlungsanspruchs aus § 433 II BGB liegen nicht vollständig vor.

113: V kann also von K nicht die Zahlung des Kaufpreises verlangen.

In diesem Fall gibt es nur ein Anspruchsziel (Kaufpreiszahlung) und nur eine Norm (§ 433 I BGB). Daher steht an den ersten beiden Stellen immer eine 1.

In den Fällen, mit denen Sie gerade zu arbeiten lernen, ist der Schritt 112 – also die Prüfung der Anspruchsvoraussetzungen – meist problematisch. Innerhalb dieses Schrittes muß oft das Dreierschema wiederholt ausgeführt werden. Sie sehen das im Gutachten daran, daß an der zweiten Stelle eine Zahl größer als 1 steht – das heißt, die Prüfung läuft eine Ebene weiter unten weiter.

## B. Beispielfälle[16] mit Gutachtenvorschlägen

Die Fälle werden schrittweise komplizierter. Dieses »Zwiebelschalensystem« erlaubt es Ihnen, in dem Moment einen Schritt zurückzugehen, in dem Sie etwas nicht verstehen.

Die Gutachten sind nur Muster. Sie müssen es nicht wörtlich schreiben wie hier, aber Sie können es tun.

---

16 Die Auswahl der Beispiele blieb mit Absicht auf übersichtliche zivilrechtliche Fälle beschränkt. Ein Grund dafür besteht darin, daß das Zivilrecht für Anfänger oft am schwersten zugänglich ist.

**Fall 1:**
K und V schließen einen Kaufvertrag über ein Buch des V.
Kann K verlangen, daß V ihm das Buch nun aushändigt?

Der Fall enthält keine Probleme; in solchen Situationen ist der etwas umständliche Gutachtenstil eigentlich unangebracht. Aber hier geht es um Ihre Übung. Unterscheiden Sie Sachverhaltsschilderung und Fallfrage. Letztere steht meist, aber nicht immer am Schluß des Falles.

Beginnen Sie möglichst früh damit, der Übersicht halber eine Überschrift über jede Anspruchsprüfung zu schreiben. Diese wird im Zivilrecht wenn möglich nach dem Schema »Wer will was von wem woraus?« gebildet[17]. Setzt man diese Frage für Fall 1 um, so wird aus »K verlangt von V das Buch aus Kaufvertrag nach § 433 I BGB« die Überschrift

**Anspruch des K gegen V auf Übergabe und Übereignung des Buches aus § 433 I 1 BGB**
111: K kann gegen V einen vertraglichen Anspruch auf Übereignung und Übergabe des Buches haben.
112: Ein solcher Anspruch kann sich aus § 433 I 1 BGB ergeben.
121: Voraussetzung hierfür ist, daß zwischen ihnen ein Kaufvertrag über das Buch geschlossen wurde.
122: Zwischen V und K ist ein solcher Kaufvertrag geschlossen worden.
123: Ein Kaufvertrag liegt damit vor.
113: K hat gegen V einen Anspruch auf Übereignung und Übergabe des Buches aus § 433 I 1 BGB.

Die »Kluft« zwischen dem konkreten Sachverhalt und dem abstrakten Tatbestand der Norm ist hier gering: Der Sachverhalt besteht aus normativen Begriffen, also aus solchen, die auch das Gesetz verwendet. Im Fall 2 wird der Abstand ein bißchen größer.

**Fall 2:**
K kauft ein Buch von V.
Kann V von K die Zahlung des vereinbarten Preises verlangen?

Man kann mit einem Fall auch arbeiten, wenn bestimmte Informationen fehlen oder nur mittelbar enthalten sind. Hier ist beispielsweise die Höhe des Kaufpreises nicht genannt; der Inhalt des Anspruchs steht also nicht genau fest.

Berücksichtigen Sie das bei der Formulierung von Überschrift und Obersatz.

---

17 Zu Ausnahmen unten S. 36.

**Anspruch des V gegen K auf Zahlung des vereinbarten Kaufpreises**

111:    V hat gegen K einen Anspruch auf Kaufpreiszahlung aus § 433 II BGB,
112:    wenn zwischen beiden ein Kaufvertrag geschlossen worden ist.
121:    Dies ist nun zu prüfen.
122:    V hat K ein Buch verkauft;
123:    also ist zwischen ihnen ein Kaufvertrag geschlossen worden.
113:    V hat gegen K einen Anspruch auf Kaufpreiszahlung aus § 433 II BGB.

Im Untersatz findet hier eine ganz kleine Interpretation des Sachverhalts statt. Sie enthält zwei Elemente:

1. Aus dem gebeugten Verb »kauft« im Sachverhalt wird im Gutachten das Substantiv »Kaufvertrag«. Das ist trivial; man tut das im Umgang mit Sprache laufend. Allenfalls in komplizierten Fällen ist das ein fehleranfälliger Prozeß.

2. Ähnlich wie in Fall 1 geht das Gutachten davon aus, daß der Inhalt der Sachverhaltsschilderung juristisch-technisch aufzufassen ist (also »Kauf« im Rechtssinne). Grundsätzlich darf man jedoch nicht auf die Terminologie des Sachverhalts vertrauen; insbesondere bei der Bezeichnung eines Vertrags durch die Parteien tauchen Probleme der »falsa demonstratio«, also der übereinstimmenden falschen Bezeichnung, auf. Als Bearbeiter sind Sie an Rechtsansichten der Parteien nicht gebunden. Diese bilden aber eine wichtige Argumentationsgrundlage. Sie sind meistens brauchbar und nur selten irreführend. Außerdem enthalten sie oft Hinweise auf die Probleme des Falles: Der Aufgabensteller kann mit solchen Rechtsansichten die Bearbeitung schon etwas vorstrukturieren. Je nach Fallgestaltung wird Ihr Interpretationsspielraum größer – und die Bearbeitung schwieriger.

**Fall 3:**
V bietet K ein Buch für DM 20,– an. K ist einverstanden.
Hat V einen Anspruch auf Zahlung der DM 20,– gegen K?

Ist eine Information (hier: Höhe des Kaufpreises) im Sachverhalt vorhanden, spielt sie zumeist auch eine Rolle für die Bearbeitung. Unterschlagen Sie nichts. Manchmal dienen Einzelheiten zwar nur der Ausschmückung des Falles oder sollen die Beschreibung plausibel machen; sie sind dann im Gutachten entbehrlich. Hat man Zweifel, ob eine Information wirklich ausschlaggebend ist oder nicht, sollte man sie aber lieber in der Bearbeitung aufgreifen.

**Anspruch des V gegen K auf Zahlung von DM 20,– aus § 433 II BGB**

111:    V kann gegen K einen Anspruch auf Zahlung von DM 20,– aus § 433 II
        BGB haben.
112:    Dies ist der Fall,
121:    wenn zwischen ihnen ein Kaufvertrag abgeschlossen worden ist. Ein Kauf-

vertrag kommt nach § 433 BGB zustande, wenn die Beteiligten hinsichtlich des Gegenstands und des Preises Einigkeit erzielt haben.

122:   V und K haben sich über den Verkauf eines Buches von V an K für DM 20,–
       geeinigt.

123:   Damit ist ein Kaufvertrag zwischen ihnen zustande gekommen.

113:   V hat gegen K einen Anspruch auf Zahlung des Kaufpreis in Höhe von
       DM 20,– aus § 433 II BGB.

Im Sachverhalt ist nun von Kauf in keiner Form mehr die Rede. Für das Gutachten
ist also festzustellen, ob eine Sache gekauft wurde. Dazu wird der Kaufvertrag
definiert. Die verwendete Definition steht nicht im Gesetz, wie sich zumindest im
Zivilrecht die meisten Definitionen nicht im Gesetz finden. Aus der Beschreibung
der Verkäufer- und Käuferpflichten in § 433 BGB ergibt sich aber, worüber sich
die Vertragsparteien geeinigt haben müssen. Das Erfordernis der Einigung selbst
läßt sich aus dem Begriff des Vertrags (sich vertragen = sich einigen) ableiten, ist im
Gesetz aber nur ansatzweise geregelt: Lesen Sie §§ 145 ff., 154 f. BGB! Es empfiehlt sich darüber hinaus, für umfangreichere Definitionen in einem Lehrbuch
oder einem Kommentar nachzusehen. Selbstverständlich kann und muß in einer
Klausur – anders als in einer Hausarbeit – eine solche Quelle nicht angegeben
werden.

Wichtig ist es, die Definition sinngemäß zu kennen und zu entscheiden, ob man sie
erwähnt. Wie ausführlich auf die verschiedenen Voraussetzungen des (Kauf-)Ver-
tragsabschlusses einzugehen ist und wie umfangreich also der Untersatz wird, ist
eine Frage des Informationsreichtums des Sachverhalts. Im Fall 3 gibt es dazu nur
wenige Informationen – also müssen Sie an dieser Stelle nur kurz diskutieren!

**Fall 4:**
V und K einigen sich über den Verkauf eines Buches des V zum Preis von DM 20,–.
Noch vor der Übereignung des Buches ficht V wirksam den Vertrag an.

Kann K noch das Buch verlangen?

Hier bedarf die Fallfrage der präzisierenden Auslegung: »das Buch verlangen« ist zu
lesen als »Übergabe und Übereignung des Buches verlangen«. Man gelangt damit
wieder zu § 433 I 1 BGB, der eben diese Frage regelt.

**Anspruch des K gegen V auf Übergabe und Übereignung des Buches aus
§ 433 I 1 BGB**

111:   K kann gegen V einen Anspruch auf Übergabe und Übereignung des Bu-
       ches aus § 433 I 1 BGB haben.

112:   Dazu

121:   muß zwischen beiden ein Kaufvertrag geschlossen worden sein.

122:   Ein Kaufvertrag liegt vor, wenn zwischen den Beteiligten Einigung über

Kaufgegenstand und Kaufpreis erzielt worden ist. Hier haben V und K Übereinstimmung darüber erzielt, daß ein bestimmtes Buch des V gegen Zahlung von DM 20,– an K übereignet werden soll.

123:   Ein Kaufvertrag liegt also vor.

221:   Ein Anspruch des K besteht jedoch nicht, wenn der Vertrag nichtig ist, also überhaupt keine Rechtswirkungen hervorbringt. Die Nichtigkeit kann sich hier aus § 142 I BGB als Rechtsfolge einer wirksamen Anfechtung ergeben.

222:   Der Kaufvertrag ist wirksam angefochten[18].

223:   Damit gilt er als von Anfang (ex tunc) an nichtig (§ 142 I).

113:   K hat deswegen keinen Anspruch gegen V auf Übereignung und Übergabe.

Während in Fall 3 die gefragte Rechtsfolge (Kaufpreiszahlungsanspruch des V oder, je nach Blickwinkel, Zahlungsverpflichtung des K) von einer einzigen Voraussetzung (Kaufvertrag) abhing, bietet es sich in Fall 4 an, diese Voraussetzung als »noch bestehender Kaufvertrag« zu formulieren und dann gedanklich in möglichst kleine Stücke zu schneiden:

12x: Vorliegen eines Kaufvertrags

22x: kein Wegfall des Kaufvertrags

Bei Fällen, in denen mehrere Probleme miteinander verknüpft sind, zeigt sich besonders deutlich, warum diese Methode sinnvoll ist. Sie erlaubt die Zuordnung von Problemen zu bestimmten Tatbestandsmerkmalen und ermöglicht so eine klare und verständliche Darstellung.

**Fall 5:**
K sagt zu V: »Für deinen Duden, neueste Auflage, biete ich dir DM 20,–.« V antwortet: »Für DM 20,– ist der Duden dein.«

Kann nun V die DM 20,– von K verlangen?

**Anspruch des V gegen K auf Zahlung von DM 20,– aus § 433 II BGB**

111:   V kann gegen K einen Anspruch auf Zahlung von DM 20,– haben.

112:   Nach § 433 II BGB muß dafür

121:   ein Kaufvertrag zwischen den beiden wirksam zustande gekommen sein.

122:   Ein solcher kommt durch zwei übereinstimmende Erklärungen der Partner zustande, die sich zumindest hinsichtlich des Kaufpreises und der Kaufsache decken müssen (§ 433 BGB).

131:   Zunächst müssen die beiden Äußerungen übereinstimmen.

---

18 Der Grund für die Anfechtung (Irrtum, § 119, Täuschung oder Drohung, § 123) ist nicht genannt und daher nicht zu diskutieren. Wie in Fall 1 ist hier bereits ein Teil der Begründung »vorsubsumiert«, da ein juristischer Fachbegriff verwendet wurde.

132: Sowohl in der Äußerung des V als auch in der des K sind der Kaufpreis, nämlich DM 20,–, und die Kaufsache, nämlich der Duden des K in der neuesten Auflage, genannt.

133: Damit besteht Übereinstimmung hinsichtlich der notwendigen Bestandteile (essentialia negotii) des Kaufvertrags.

231: Diese Übereinstimmung muß durch zwei wirksame Willenserklärungen vermittelt sein; zunächst muß also ein wirksames[19] Angebot vorliegen.

232: K bringt durch seine Äußerung hinlänglich bestimmt seinen Willen zum Ausdruck, das Buch zu kaufen.

233: Damit hat er dem V ein wirksames Angebot gemacht.

331: Dieses muß V wirksam angenommen haben.

332: Die Äußerung des V läßt dessen Willen erkennen, auf das Angebot des K einzugehen.

333: V hat also das Angebot des K wirksam angenommen.

123: Folglich ist zwischen den beiden ein wirksamer Kaufvertrag abgeschlossen worden.

113: Mithin hat V gegen K einen Anspruch auf Zahlung von DM 20,– aus § 433 II BGB.

Da der Sachverhalt nun nicht mehr juristisch-technische Begriffe enthält, bedarf er einer ausführlicheren Interpretation als in den vorangegangenen Fällen. Der Kauf muß nicht nur als solcher definiert werden, sondern es ist auch notwendig, ihn zur Prüfung in seine einzelnen Bestandteile zu zerlegen.

## Fall 6:

V fragt K, ob er das Fremdwörterbuch des V für DM 15,– erwerben wolle. K sagt: »Ja.« Nun überlegt es sich V anders; er will das Buch wegen seines antiquarischen Wertes lieber behalten.

Hat eine Klage des K Erfolgsaussichten?

Die Fallfrage wirkt auf den ersten Blick etwas ungewöhnlich und wird in zivilrechtlichen Fällen so nur gelegentlich gestellt (anders im Öffentlichen Recht und teils im Arbeitsrecht). Um den Übergang zur konventionellen Anspruchsprüfung zu ermöglichen, muß man nur einen zusätzlichen Satz einfügen. Zur prozessualen Lage, die von solchen Fragen oft miterfaßt sein soll, kann man hier nichts ausführen, weil es an dahingehenden Informationen fehlt.

---

19 Wenn in den Gutachtenvorschlägen von »wirksamen« Willenserklärungen die Rede ist, so bedeutet dies nicht nur, daß es sich überhaupt um Willenserklärungen handeln muß, sondern auch, daß diese im Rechtssinne vom Erklärenden abgegeben und dem Empfänger zugegangen sein müssen. Da diese Fragen hier nicht problematisch sind, werden sie nicht erwähnt; das »wirksam« steht gewissermaßen nur als Merkposten da.

## Anspruch des K gegen V auf Übereignung und Übergabe des Fremdwörterbuchs aus § 433 I BGB

111:    Eine Klage des K hat Erfolg, wenn er gegen V einen Anspruch auf Übereignung und Übergabe des Fremdwörterbuchs hat. Ein solcher kann sich aus § 433 I BGB ergeben.

112:    Dessen Voraussetzungen sind nun zu prüfen.

121:    Es muß ein wirksamer Kaufvertrag vorliegen.

122:    Ein Kaufvertrag kommt durch zwei hinsichtlich Kaufgegenstand und Kaufpreis übereinstimmende Willenserklärungen, Antrag und Annahme (§§ 145 ff. BGB), zustande.

131:    Ein Antrag kann von V abgegeben worden sein, indem dieser den K fragte, ob er ihm das Fremdwörterbuch für DM 15,– abkaufen wolle.

141:    Diese Frage muß eine Willenserklärung darstellen.

142:    Eine Willenserklärung ist eine unmittelbar auf einen rechtlichen Erfolg zielende hinlänglich bestimmte Willensäußerung. Die Frage des V, ob K das Fremdwörterbuch für DM 15,– erwerben wolle, läßt seinen Willen, einen Kaufvertrag abzuschließen, erkennen und zielt damit unmittelbar auf einen rechtlichen Erfolg.

143:    Eine Willenserklärung des V liegt also vor.

241:    Um als Antrag gewertet werden zu können, muß diese Erklärung dem K den Vertragsschluß in der Weise antragen, daß dieser mit einem schlichten »Ja« den Vertrag zustande bringen kann.

242:    Aus der Erklärung des V sind das Fremdwörterbuch als Kaufgegenstand und die DM 15,– als Kaufpreis zu entnehmen, so daß alle für den Kaufvertrag wesentlichen Informationen (essentialia negotii) enthalten sind.

243:    In der Frage des V liegt damit ein Antrag.

231:    Diesen muß K angenommen haben.

232:    Die Annahme ist die vorbehaltlose Zustimmung zum vorliegenden Angebot. K hat auf die hinreichend bestimmte Frage des V mit »Ja« geantwortet.

233:    In der Antwort des K liegt also eine Annahme.

123:    Dadurch ist zwischen V und K ein wirksamer Kaufvertrag über das Fremdwörterbuch zustande gekommen. Der Umstand, daß V nun das Buch lieber behalten möchte, ändert daran nichts. Er berechtigt auch nicht zur Anfechtung, § 119 I BGB.

113:    K hat einen Anspruch auf Übereignung und Übergabe des Fremdwörterbuchs aus § 433 I 1 BGB. Seine Klage hat Aussicht auf Erfolg.


Zu beachten ist, daß die Voraussetzungen von Antrag (Synonym: Angebot) und Annahme wie Erklärungsbewußtsein hier nicht weiter problematisiert werden müssen, da der Fall dazu keinen Anlaß gibt. Es reicht, wenn Sie diese im Kopf durchgehen und nur das zu Papier bringen, was auch dem Leser erwähnenswert erscheinen könnte.

Die Frage nach einer möglichen Anfechtung ist im vorstehenden Gutachten recht kurz geraten, weil der Sachverhalt keinen Hinweis auf einen Anfechtungsgrund bietet und auch eine Anfechtungserklärung nicht ersichtlich ist. Der Umstand allein, daß K es sich anders überlegt hat, genügt nach §§ 119 ff. BGB nicht. Daher sollten Sie die Anfechtung erwähnen (Problem gesehen!) und dann sofort scheitern lassen (Problem zutreffend als hier nicht einschlägig erkannt). Dieses Vorgehen empfiehlt sich auch, weil die Gutachten, die Sie in Klausuren und Hausarbeiten zu verfassen haben, umfangreicher sind als die hier gegebenen Beispiele. Zeit, die Sie auf unnötige Ausführungen verwenden, fehlt Ihnen dann leicht für die wirklich wichtigen Diskussionen.

Das Gutachten zeigt einige typische Probleme der Fallbearbeitung. Zum Beispiel steht die verwendete Definition für die Willenserklärung weder im Gesetz noch kann sie mittelbar diesem entnommen werden. Daher ist an dieser Stelle auch keine Rechtsnorm zitiert. Die Definition muß man in der Klausur sinngemäß kennen oder sich zusammenreimen.

## Fall 7:
K sieht im Schaufenster des Buchhändlers V den antiquarischen Bildband »Belgische Bahnen« für DM 98,–. Er betritt das Geschäft und erklärt dem V: »Ich hätte gerne den Bildband aus dem Schaufenster.« V entgegnet, das Buch sei leider bereits verkauft. K ist der Ansicht, darauf komme es nicht an, er habe gerade einen Kaufvertrag darüber geschlossen, so daß V zur Übereignung verpflichtet sei.

Wie ist die Rechtslage?[20]

### Anspruch des K gegen V auf Übereignung und Übergabe des Bildbands aus § 433 I 1 BGB
111: K kann gegen V einen Anspruch auf Übereignung und Übergabe des Bildbands aus § 433 I 1 BGB haben.

112: Dies setzt das Bestehen eines Kaufvertrags zwischen V und K voraus, § 433 BGB.

121: Für dessen Zustandekommen sind zwei übereinstimmende Willenserklärungen erforderlich, welche die notwendigen Merkmale eines Kaufvertrags erkennen lassen müssen.

122: Dies ist zu prüfen.

131: Es muß zunächst ein Antrag vorliegen.

132: Eine Willenserklärung ist eine unmittelbar auf einen rechtlichen Erfolg zielende private Willensäußerung. Wäre das Ausstellen des Bildbands im

---

20 Die beliebte Frage »Wie ist die Rechtslage?« bedeutet, daß Sie alle möglichen Ansprüche jedes Beteiligten gegen jeden anderen Beteiligten prüfen sollen. Hier ist das noch einfach. Bei Fällen, an denen mehr als zwei Personen beteiligt sind, ist es bei dieser Frage jedoch besonders wichtig, die einzelnen Ansprüche strikt innerhalb von Zweipersonenverhältnissen zu begutachten.

Schaufenster durch V bereits hierunter zu fassen, so könnte durch die Äußerung des K ein Kaufvertrag zuwege gebracht worden sein. Auf V's Einwand, er wolle das Buch nicht an K verkaufen, käme es dann nicht mehr an. Gegen die Bewertung als Willenserklärung spricht – wegen der Möglichkeit eines Angebots an eine unbestimmte Vielzahl von Adressaten (*Offerte ad incertas personas*) – zwar nicht, daß ein Adressat nicht eindeutig bestimmbar ist, zweifelhaft ist aber, ob V sich bereits mit dem Ausstellen des Bands im Schaufenster rechtlich binden wollte oder ob es sich dabei um eine noch unverbindlich Aufforderung an die Vorbeigehenden, Angebote abzugeben, handelte (sogenannte *invitatio ad offerendum*). Wollte V sich rechtlich binden, wäre er bei Annahme einer verbindlichen Willensäußerung jedem Kunden gegenüber gezwungen, ein derartiges Buch zu übereignen. Schon angesichts seiner begrenzten Lagerbestände ist dies nicht anzunehmen. Im Falle der Lieferunfähigkeit wäre er eventuell zahlreichen Interessenten zum Schadensersatz verpflichtet. Bei einem nur einmal vorhandenen antiquarischen Einzelstück wird dies besonders deutlich. Diese – für K auch erkennbare – Interessenlage des V läßt eine Einschätzung des Ausstellens als Willenserklärung daher nicht zu. V will mit dem Ausstellen des Buches nur erreichen, daß Kaufinteressenten ihm gegenüber Angebote abgeben, welche er dann nach Maßgabe seiner Lagerbestände annehmen oder ablehnen kann.

133:    Es fehlt daher an einer Willenserklärung des V.

131:    Jedoch kann K dem V ein Angebot gemacht haben, indem er ihm erklärte, er wolle das ausgestellte Buch zum angegebenen Preis kaufen.

132:    In dieser Erklärung sind die essentialia eines Kaufvertrags enthalten; auch will K sich rechtlich binden. Der Umstand, daß er glaubte, bereits eine Annahme zu erklären, ändert daran nichts.

133:    Ein Angebot des K liegt damit vor.

231:    Das Zustandekommen eines Vertrags hängt nun davon ab, ob V dieses Angebot angenommen hat.

232:    Da es sich um ein antiquarisches Buch handelt, ist nicht anzunehmen, daß V ein anderes Exemplar anbieten kann. Aus der Erklärung des V, das Buch sei bereits verkauft, ist deshalb eine Ablehnung zu entnehmen.

233:    Es fehlt daher an einer Annahme durch V.

123:    Ein Kaufvertrag ist also nicht abgeschlossen worden.

113:    Der von K geltend gemachte Anspruch aus § 433 I 1 BGB besteht nicht.


**Anspruch des V gegen K auf Kaufpreiszahlung aus § 433 II BGB**

Am Fehlen eines Kaufvertrags scheitert auch ein denkbarer Anspruch des V gegen K auf Zahlung von DM 98,– aus § 433 II BGB.

In diesem Fall ist die zweimalige Prüfung des Merkmals »Angebot« (131 – 133) durchaus zulässig, da nicht ohne weiteres ersichtlich ist, worin ein Angebot liegt.

Unterstellungen zum tatsächlichen Vorhandensein weiterer Buchbestände im Lager des V oder zur Frage anderer Bildbände im Schaufenster sind unnötig. Spekulationen, die vom Korrektor gemeinhin als »Sachverhaltsquetsche« bezeichnet werden, haben in einer Fallbearbeitung nichts verloren.

Bei der Subsumtion unter den Begriff der Willenserklärung sieht man, daß nur die problematischen Merkmale angesprochen werden müssen. Über den Handlungswillen des V ist hier (wie meistens) kein Wort zu verlieren.

**Fall 8:**
Versandbuchhändler V schickt K seinen Katalog mit Sonderangeboten. K wählt eine Kant-Werkausgabe für DM 148,–, füllt die beiliegende Bestellkarte entsprechend aus und schickt diese an V.

*Variante a):*
Eine Woche später erhält er ein Schreiben von V, in dem dieser sich für die Bestellung bedankt und ankündigt, die gewünschten Bücher gingen K in den nächsten Tagen mit gesonderter Post zu.

*Variante b):*
V schickt anderntags die gewünschten Bücher ab.

Kann V von K Bezahlung der DM 148,– fordern?

*Gutachten zu Variante a):*

Anspruch des V gegen K auf Zahlung von DM 148,– aus § 433 II BGB
111:   K kann gegen V einen Anspruch auf Zahlung von DM 148,– aus § 433 II BGB haben. Voraussetzung hierfür ist ein wirksamer Kaufvertrag.
121:   Dessen Zustandekommen bedarf zweier hinsichtlich Preis und Kaufsache übereinstimmender Willenserklärungen.
122:   Erforderlich sind danach ein Angebot und eine Annahme.
131:   Ein Angebot des V kann im Zusenden des Katalogs an K liegen.
132:   Sowohl der Adressatenkreis als auch die Auswahl der angebotenen Bücher sind hinlänglich bestimmt. Angesichts der V drohenden Schadensersatzansprüche im Fall der Nichtlieferung wollte dieser aber mit dem Katalog kein bindendes Angebot machen[21].

---

21  Ein Angebot des V scheitert nicht deswegen an der fehlenden Bestimmtheit des Kaufgegenstands, weil der Katalog mehrere verschiedene Artikel aufführt; dieser enthält vielmehr zahlreiche bestimmte einzelne Angebote. Zur invitatio ad offerendum siehe Fall 7.

133:  Fehlt es somit am Angebot des V,

131:  kann K ein solches abgegeben haben, als er die ausgefüllte Bestellkarte zurücksandte.

132:  Aus dieser sind sowohl der Kaufgegenstand (nämlich die Kant-Werkausgabe) und der Preis (nämlich DM 148,–) als auch der Wille ersichtlich, eine bindende Erklärung abzugeben.

133:  K hat damit ein Angebot abgegeben.

231:  Dieses kann V mit seinem Schreiben angenommen haben.

232:  V hat mit Bezug zum Angebot des K zu erkennen gegeben, daß er bereits eine Leistungshandlung zur Erfüllung des beabsichtigten Vertrags vorgenommen hat. Daraus ist zu entnehmen (§§ 133, 157 BGB), daß er den von K vorgeschlagenen Vertrag billigt.

233:  Er hat mithin eine Annahmeerklärung abgegeben.

123:  Aus dem damit zustande gekommenen Kaufvertrag

113:  ist K nach § 433 II BGB zur Zahlung von DM 148,– verpflichtet.

### Gutachten zu Variante b):

Bis zum Schritt 133 können Sie das Gutachten zu Variante a) wörtlich übernehmen.

231:  Dieses muß V angenommen haben.

141:  Eine Annahmeerklärung kann im Versenden der bestellten Bücher liegen.

142:  Zwar hat dadurch V nicht ausdrücklich zu verstehen gegeben, daß er einen Kaufvertrag über die von K gewünschten Bücher abschließen will, doch lassen die Umstände eine dahingehende Interpretation seines Verhaltens zu. Ein anderer Sinn als die Annahme des Angebots des K ist dem Verschicken der Bücher schwerlich zu entnehmen.

143:  Damit hat V durch schlüssiges (konkludentes) Verhalten eine Annahmeerklärung abgegeben.

241:  Diese bedarf zu ihrem Wirksamwerden des Zugangs bei K, § 130 I 1 BGB.

242:  Zugegangen ist die Erklärung, wenn sie den Herrschaftsbereich des Empfängers erreicht und dieser die Möglichkeit hat, in zumutbarer Weise von ihr Kenntnis zu nehmen. Bei K sind die Bücher noch nicht eingegangen. Solange dies nicht der Fall ist, weiß er noch nichts von deren Versendung.

243:  Es fehlt mithin am Zugang der Annahmeerklärung des V.

341:  Ein Vertrag zwischen V und K ist nur zustande gekommen, wenn der Zugang der Annahmeerklärung ausnahmsweise entbehrlich ist.

342:  Dies ist nach § 151 S. 1 Alt. 1 BGB der Fall, wenn nach der Verkehrssitte eine Annahmeerklärung nicht zu erwarten ist. Davon ist bei Bestellungen im Versandhandel auszugehen. Hier rechnet der Besteller gewöhnlich nicht mit einer gesonderten Bestätigung, sondern erwartet den Eingang der bestellten Ware.

343: Damit ist gemäß § 151 S. 1 Alt. 1 BGB hier der Zugang der Annahmeerklärung nicht erforderlich.

233: Die Annahme durch V ist also wirksam.

123: Aus dem damit zustande gekommenen Kaufvertrag

113: ist K nach § 433 II BGB zur Zahlung von DM 148,– verpflichtet.

Wenn Sie in Übungsarbeiten mehrere Fallvarianten zu entscheiden haben, müssen Sie nicht den einmal geschriebenen Text wörtlich wiederholen. Es genügt, wenn Sie auf das bereits Gesagte verweisen und den Faden an der Stelle wieder aufnehmen, wo andere Umstände Anlaß zu anderen rechtlichen Bewertungen geben.

## Fall 9:

K nimmt an V's Kiosk Band 137 der Reihe »Schmerzen im Herzen – Ein Arztroman« aus dem Regal und legt das Heft und die DM 2,–, die der Preisaufdruck ausweist, auf den Tisch. V nimmt das Geld und schiebt das Heft zu K herüber.

Hat V das Geld zu Recht vereinnahmt?[22]

111: V hat das Geld zu Recht vereinnahmt, wenn er einen Anspruch auf eine Zahlung in dieser Höhe hatte.
Ein solcher kann sich aus § 433 II BGB ergeben.

121: Das setzt voraus, daß ein Kaufvertrag wirksam zustande gekommen ist.

131: Hierzu müssen die Beteiligten zwei sich deckende Willenserklärungen, Angebot und Annahme, abgegeben haben.

141: Zunächst muß ein Angebot vorliegen.

142: Ein Angebot ist eine Willenserklärung, die dem Erklärungsgegner den Vertragsschluß dergestalt anträgt, daß dieser den Vertragsschluß durch einfaches »Ja« bewirken kann. Indem K den ausgesuchten Roman mit dem Geld auf den Ladentisch legt, kann er eine solche Erklärung abgegeben haben. Kaufgegenstand, Kaufpreis und Verbindlichkeit der Äußerung gehen daraus hervor, daß K den angestrebten Vertrag bereits erfüllte. Problematisch ist allenfalls, daß er sich nicht verbal äußerte. Jedoch kann der Tatbestand der Willenserklärung auch erfüllt sein, wenn der Geschäftspartner aus den Umständen entnehmen kann, daß sein Gegenüber eine rechtlich bedeutsame Erklärung abgeben will, deren Inhalt erkennbar ist. Die Hingabe des Geldes bei gleichzeitigem Vorlegen des Romans läßt für V den Schluß zu, daß K eben jenes Buch kaufen will.

---

22 Daß die Fallfrage nicht auf eine Anspruchsprüfung hindeutet, ist nur scheinbar ein Problem. Beachten Sie den ersten Obersatz.

143: Damit hat K konkludent ein Angebot abgegeben.

241: Dieses muß von V angenommen worden sein.

242: Unter Annahme ist die vorbehaltlose Übereinstimmung mit dem Angebot des Antragenden zu verstehen. Diese kann vorliegend in der Entgegennahme des Geldes durch V zu sehen sein, zumal er K den Roman wieder zuschiebt. Auch hier erlauben in Ermangelung einer verbalen Erklärung die Umstände den Schluß auf den Erklärungstatbestand. K kann so davon ausgehen, daß V mit dem Kaufvertrag einverstanden ist.

243: Eine konkludente Annahme seitens des V ist somit gegeben.

341: Die Erklärungen müssen übereinstimmen.

342: Zwischen V und K besteht Einigkeit über den Austausch von DM 2,– gegen den Roman »Schmerzen im Herzen«.

343: Es liegen also zwei hinsichtlich der für einen Kaufvertrag wesentlichen Elemente (essentialia negotii) korrespondierende Willenserklärungen vor.

133: Die Voraussetzungen eines Kaufvertrags sind gegeben.

123: Ein Kaufvertrag ist damit abgeschlossen worden.

113: V hatte mithin Anspruch auf die DM 2,–. Er hat sie zu Recht an sich genommen.

Es fehlen hier häufig die gesonderten Obersätze zur Prüfung (z. B. 112, 122, 132). Da diese nur nichtssagend lauten könnten »Dies ist im folgenden zu prüfen.« (wie zum Teil oben in Fall 6 und Fall 7), werden sie weggelassen[23].

## Fall 10:

Versandbuchhändler V schickt an K unaufgefordert das Kochbuch »32 Variationen von Grünkernfrikadellen«. Er legt folgendes Anschreiben bei: »Herzlichen Glückwunsch! Anliegendes Kochbuch ist eine einmalige Gelegenheit: Für nur DM 42,– gehört es Ihnen. Mit dem Eingang Ihrer Zahlung auf das unten angegebene Konto rechne ich in den nächsten zwei Wochen.«

### Variante a):

K, der keine Grünkernfrikadellen mag, ist entsetzt. Er vergißt die Sendung in einer Ecke.

### Variante b):

K, der Grünkernfrikadellen über alles liebt, ist begeistert. Schon am nächsten Tag lädt er Freunde ein, die er mit den Rezepten 7, 12 und 23 bewirtet.

---

23 Das ist überhaupt zu empfehlen. Zu diesen und ähnlichen Möglichkeiten sprachlicher Straffung beachten Sie im einzelnen unten Teil 3.

Kann V jeweils nach vier Wochen Zahlung der DM 42,– verlangen?

**Gutachten zu Variante a):**

Anspruch des V gegen K auf Zahlung von DM 42,– aus § 433 II BGB

111: V kann gegen K einen Anspruch auf Zahlung von DM 42,– aus § 433 II BGB haben. Voraussetzung hierfür ist, daß ein wirksamer Kaufvertrag zwischen ihnen abgeschlossen wurde.

121: Dieser erfordert das Vorliegen zweier Willenserklärungen, Angebot und Annahme (§§ 145 ff. BGB), die auf das Zustandekommen eines Kaufvertrags gerichtet sind.

131: Ein Angebot kann in der Zusendung des Anschreibens[24] von V an K liegen[25].

132: Dazu muß V verbindlich erklärt haben, K einen bestimmten Gegenstand zu einem festgelegten Preis verkaufen zu wollen. In seinem Schreiben nennt er den Preis für das beigefügte Buch und läßt erkennen, daß der Abschluß eines verbindlichen Vertrags nur noch von der Annahme durch K abhängen soll.

133: V hat also ein Angebot an K abgegeben.

231: Dieses muß K angenommen haben.

232: Eine Annahme erfordert als Willenserklärung

141: ein Handeln des K, dem Erklärungscharakter zugemessen werden kann.

142: K reagiert auf das Angebot des V nicht. Darin liegt ein Schweigen im rechtlichen Sinne, das heißt ein bewußtes Sich-nicht-Erklären. Dem Schweigen kommt regelmäßig nicht die Bedeutung einer Willenserklärung zu. Etwas anderes gilt unter Nichtkaufleuten nur, wenn vorher durch rechtsgeschäftliche Vereinbarung von den Beteiligten dem Schweigen ausdrücklich Erklärungsbedeutung beigelegt wurde. Weder für die Kaufmannseigenschaft beider Beteiligten noch für eine zwischen ihnen getroffene Vereinbarung hinsichtlich des Schweigens als Willenserklärung ist etwas ersichtlich.

143: Wegen des fehlenden Erklärungshandelns

233: fehlt es an einer Annahme durch K.

123: Ein Vertrag über den Kauf des Buches ist also nicht zustande gekommen.

113: Daher hat V gegen K keinen Zahlungsanspruch aus § 433 II BGB.

---

24 Auf das Buch kommt es dabei nicht an. Dessen Beiliegen begründet ein Angebot auf Übereignung nach § 929 S. 1 BGB, das wegen des Trennungsprinzips bei der Frage nach dem Kaufvertragsabschluß keine Rolle spielt.

25 Entweder »Ein Angebot kann liegen in ... « oder »V hat ... Darin kann ein Angebot liegen.«! Näher dazu unten S. 54.

Besteht – wie hier – keine Veranlassung, die Kaufmannseigenschaft beider Beteiligten zu diskutieren, sollten sie es bei einem kurzen Hinweis wie unter 142 belassen. Auf die Kaufmannseigenschaft kann es in diesem Zusammenhang ankommen, weil das Schweigen auf ein Bestätigungsschreiben unter Kaufleuten die Bedeutung einer Willenserklärung erlangen kann.

### Gutachten zu Variante b):

Anspruch des V gegen K auf Zahlung von DM 42,– aus § 433 II BGB

Bis zum Schritt 133 können Sie das Gutachten zu Variante a) wörtlich übernehmen.

232:    Eine ausdrückliche Annahmeerklärung ist nicht ersichtlich; jedoch kann K durch schlüssiges Handeln auf V's Angebot eingegangen sein. Schlüssiges Handeln ist ein Verhalten, das den dahinterstehenden Willen zur Abgabe einer rechtsverbindlichen Erklärung nur mittelbar aus den Umständen erkennen läßt. Die Ingebrauchnahme des Kochbuchs durch K bei der Einladung[26] läßt auf seinen Willen zum Abschluß eines Kaufvertrags schließen. Es kann nicht vermutet werden, daß K das Buch nutzen wollte, ohne es zu erwerben. Nach dem Verkaufsangebot des V konnte er eine Schenkung nicht erwarten.

233:    Damit hat K schlüssig die Annahme erklärt.

331:    Diese Erklärung bedarf zu ihrer Wirksamkeit regelmäßig des Zugangs beim Adressaten.

141:    Ob die Erklärung dem V zugegangen ist, ist allerdings fraglich.

142:    Unter Zugang ist das Eintreffen der Willenserklärung im Herrschaftsbereich des Empfängers dergestalt, daß dieser die Möglichkeit hat, in zumutbarer Weise von ihr Kenntnis zu nehmen, zu verstehen. Die Ingebrauchnahme des Buches durch K ist aber nicht nach außen bemerkbar geworden.

143:    Die Erklärung des K ist daher dem V nicht zugegangen.

241:    Der Zugang ist aber ausnahmsweise entbehrlich, wenn der Antragende auf ihn verzichtet hat, § 151 S. 1 Alt. 2 BGB.

242:    Aus dem Schreiben des V, in dem er nur noch von der Erfüllung des Vertrages durch Überweisung der Kaufsumme, nicht aber von einer gesonderten Annahmeerklärung spricht, läßt sich im Wege der Auslegung (§§ 133, 157 BGB) entnehmen, daß V – etwa im Interesse zügiger Abwicklung – auf den Zugang der Annahmeerklärung keinen Wert legt. Allgemein wird in Rechtsprechung und Literatur dem Versand unbestellter Waren regelmäßig

---

26 Es kommt bei der Ingebrauchnahme nicht auf Fettflecken auf dem Kochbuch an, sondern grundsätzlich nur auf das, was der Sachverhalt mitteilt. Achten Sie also darauf, den Sachverhalt nicht zu überdehnen, nur um sich die Subsumtion zu erleichtern.

die Bedeutung eines Verzichts i.S.d. § 151 S. 1 Alt. 2 BGB beigemessen.[27]

243: Danach ist der Zugang entbehrlich.

333: Mithin stellt allein die Ingebrauchnahme durch K eine wirksame Annahme des Angebots des V dar.

123: Ein Kaufvertrag über das Kochbuch zum Preis von DM 42,– ist also zustande gekommen.

113: Aus diesem hat V gegen K einen Anspruch auf Zahlung von DM 42,–.

Vermeiden Sie nach Möglichkeit Klammern im Gutachtentext; sinnvoll sind diese nur bei Normzitaten (siehe 121, 242).

---

27 An dieser Stelle würde es zur Not genügen, auf die (mit Absicht als zweites genannte) allgemeine Ansicht abzustellen. Besser ist es indessen, wie hier ein Argument zu formulieren.

# Teil 3: Sprachliche Gestaltung

## Kapitel 1: Arbeitsanleitung zum Vokabelheft

Wenn es stimmt, daß das »Lernen« von Recht dem Lernen einer Fremdsprache ähnelt, liegt es nahe, nicht nur für Definitionen und dergleichen, sondern auch für die Sprache des Rechts ein Vokabelheft zu führen.

Die Erfahrung zeigt, daß viele Rechtsstudenten selbst im Examen auf die Lesbarkeit ihrer Arbeiten nur wenig Mühe verwenden. Für den Leser kann das recht anstrengend sein. Den Unwillen, den Sie schon auf dieser mehr formalen Ebene erzeugen, können Sie ebensogut vermeiden, indem Sie sich beispielsweise sprachlich um ein wenig Abwechslung bemühen.

Nachstehend finden Sie eine Reihe vielseitig einsetzbarer Formulierungen, an denen Sie sich orientieren können. Sie ist alles andere als vollständig. Ergänzen Sie sie! Zahlreiche Varianten können Sie den Musterfällen der Ausbildungszeitschriften (JuS, JA, Jura[1]) entnehmen; vergessen Sie dabei aber nicht, daß die dort wiedergegebenen Gutachten oft verdeckte Aufsätze, also in Umfang, Stil und Sprache für die eigene Arbeit nur bedingt vorbildlich sind – achten Sie auf die eher seltenen überarbeiteten Originalklausuren von Übungsteilnehmern.

Die Vorschläge sollen Ihnen nicht das Nachdenken über die angemessene sprachliche Form abnehmen, sondern als Anregung dienen, wenn Sie in der Hausarbeit wieder einmal an der eigenen Phantasielosigkeit verzweifeln. Benutzen Sie den Text also nicht als Selbstbedienungsladen, in dem Sie hübsch praktisch vorgefertigt alles mitnehmen können, was Sie brauchen, sondern eher als Steinbruch, aus dem Sie gelegentlich Rohmaterial für Ihre eigene Arbeit holen. Übernehmen Sie das hier Angebotene nicht ungeprüft. Ihr eigener juristischer Stil entwickelt sich – wahrscheinlich – aus zwei Tätigkeiten: dem kritischen Lesen fremder Texte und dem Verfassen eigener. Beides kann Ihnen dieses Vokabelheft nicht abnehmen.

Einige Vorschläge sind auch schon ein bißchen abgegriffen – erwarten Sie keine Sensationen. Nicht alle Formulierungen sind gleich elegant; benutzen Sie, was Ihnen am besten gefällt.

---

1 Die betreffenden Beiträge erkennt man meist schon am Titel: *Ein/e ... mit Folgen, Ein/e verhängnisvolle/s ... , Ein/e folgenreiche/r/s ...* , im Strafrecht öfter auch *Ärger beim / im / mit dem ... , Ein/e ... mit Hindernissen).*

Ergänzen Sie überall, wo Sie im Text Vorschläge für die sprachliche Gestaltung finden, weitere Möglichkeiten. Ziehen Sie Synonymwörterbücher[2] heran.

Versuchen Sie, aus den angebotenen Sprachversatzstücken und Ihren eigenen Ergänzungen eine Art »abstraktes Mustergutachten« zu entwerfen, anhand dessen Sie einem blutigen Laien erklären können, wie eine Fallbearbeitung funktioniert. Wenn Sie sich auf diese Art die einschlägigen Formulierungen und ihr Ineinandergreifen aneignen, fällt Ihnen die Verwendung in Klausur und Hausarbeit leichter.

Üben Sie das, was Sie hier lesen können, zuerst an ein paar der obigen Beispielfälle, dann an einer Ihrer eigenen Arbeiten, dann an einem Mustergutachten aus einer Fallsammlung oder Ausbildungszeitschrift.

---

2 Z.B. Dornseiff, Franz: Der deutsche Wortschatz nach Sachgruppen, 7. Aufl., Berlin 1970;
  Wehrle, Hugo / Eggers, Hans: Deutscher Wortschatz, 16. Aufl., Stuttgart 1993.

# Kapitel 2: Formulierungen zum Gutachtenstil

– Schwerpunkt Zivilrecht[3, 4]

Die folgenden Formulierungsbeispiele folgen in ihrer Schreibweise der Idee einer »Phrasendreschmaschine«. Sie funktionieren also bildlich gesprochen so:

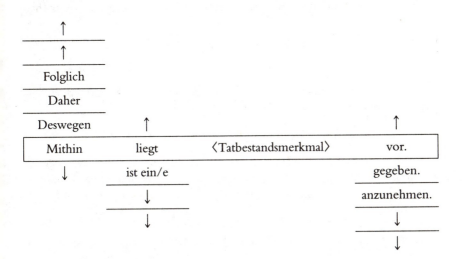

## A. Obersatz

Gemeinhin wird für den Obersatz der Konjunktiv verwendet, um zu verdeutlichen, daß das Ergebnis noch unsicher ist. Die übertriebene Häufung des Konjunktivs ist allerdings unschön zu lesen:

- *Denkbar wäre hier möglicherweise, daß A vielleicht einen Anspruch haben könnte... Voraussetzung dafür wäre, daß A ... hätte.*

Dem liegt wahrscheinlich ein verfehltes Verständnis von Art. 1 I 1 GG zugrunde: *Das »würde« des Menschen ist unantastbar.*

---

3 Zum Strafrecht vgl. unten S. 92 ff.
4 Zum Öffentlichen Recht fehlt hier eine Sammlung von Standardformulierungen wie zum Zivil- und Strafrecht. Das öffentliche Recht entzieht sich weitestgehend einer derartigen Schematisierung, schon wegen der Unterscheidung in staats- und verwaltungsrechtliche Arbeiten. Eine gute Aufzählung typischer Situationen und Fehler finden Sie aber immerhin bei: Gramm, Christof (Hrsg.): Kleine Fehlerlehre für Juristen nach Dr. Julius Knack, Baden-Baden 1989. Sehr empfehlenswert im übrigen: Schwerdtfeger, Gunther: Öffentliches Recht in der Fallbearbeitung, 9. Aufl., München 1993 – geht aber über Anfängerniveau weit hinaus.

In der Regel genügt der Indikativ von *können*, um zu verdeutlichen, daß es sich noch um eine Hypothese handelt:

● *Ein Anspruch des A* **kann** *sich aus § 985 BGB ergeben.*

Der Indikativ hat den Vorteil, daß man mit der ausnahmsweisen Benutzung der Konjunktivform bereits eine Wahrscheinlichkeitseinschätzung über das Ergebnis ausdrücken kann; was mit *könnte* eingeleitet wird, wird im Ergebnis vermutlich verneint.

Der Konjunktiv ist aber notwendig bei folgender Formulierung:

● ⟨*Anspruchsteller*⟩ *könnte einen Anspruch aus* ⟨*Anspruchsgrundlage*⟩ *geltendmachen.*

Benutzt man hier den Indikativ *kann*, geht der hypothetische Charakter des Obersatzes verloren; er klingt dann wie ein Ergebnis.

## 1.  Die erste Anspruchsgrundlage

Im Zivilrecht müssen Sie – wenn es geht – immer nach dem Schema »Wer will was von wem aufgrund welcher Anspruchsgrundlage?« formulieren, das heißt Anspruchsteller, Anspruchsgegner, Anspruchsziel und Anspruchsgrundlage nennen.

| | |
|---|---|
| ⟨*Anspruchsteller*⟩, ⟨*Anspruchsgegner*⟩: | Hierbei muß es sich um mindestens zwei verschiedene (!) Rechtssubjekte (natürliche oder juristische Personen) handeln, die im Sachverhalt erwähnt sind. Meist werden sie schon mit Abkürzungen vorgestellt (*S, T-GmbH* etc.). Üblicherweise steht auf jeder Seite des Rechtsverhältnisses nur eine Person (anders aber bei gesamtschuldnerischer Inanspruchnahme mehrerer). |
| ⟨*Anspruchsziel*⟩: | Nennen Sie hier deutlich, welches der verschiedenen vom Anspruchsteller verfolgten Anspruchsziele Sie prüfen: Lieferung, Zahlung, Wiederherstellung, Schadensersatz, Schmerzensgeld etc. Diese Feststellung ist unbedingt nötig, um die einschlägigen Anspruchsgrundlagen überhaupt auffinden zu können. |
| ⟨*Anspruchsgrundlage*⟩: | Nach Möglichkeit ist hier – wie in der jeweiligen Überschrift – bereits die genaue Norm(enkette) anzugeben. Der Abwechslung wegen kann man gelegentlich von den *Vorschriften über* (z.B. *die Geschäftsführung ohne Auftrag*) sprechen; dann muß aber möglichst bald die Anspruchsgrundlage präzisiert werden: Der Leser will wissen, welche Norm gerade geprüft wird. Zulässig ist es, eine Gruppe von Ansprüchen in Bezug zu |

nehmen (z. B. Ansprüche aus deliktischem Verhalten des Anspruchsgegners), sodann im ersten Satz die nicht einschlägigen kurz abzuhandeln und schließlich in die Prüfung der problematischen Norm einzusteigen.

Mit diesem Schema bekommt man die meisten zivilrechtlichen Fälle einschließlich etlicher handels- und arbeitsrechtlicher Aufgaben in den Griff[5].

Man kann zunächst in einem Satz das Rechtsschutzbegehren des Anspruchstellers wiederholen bzw. klarstellen und dann im nächsten Satz die Anspruchsgrundlage in den Blick nehmen:

- ⟨Anspruchsteller⟩ verlangt von ⟨Anspruchsgegner⟩ ⟨Anspruchsziel⟩. Als (Anspruchs-)Grundlage hierfür kommt ⟨Anspruchsgrundlage⟩ in Betracht / in Frage.

Meist genügt jedoch ein Satz:

- Ein Anspruch des ⟨Anspruchstellers⟩ gegen ⟨Anspruchsgegner⟩ auf ⟨Anspruchsziel⟩ / Der von ⟨Anspruchsteller⟩ geltend gemachte Anspruch auf ⟨Anspruchsziel⟩ kann sich (zunächst / nur) aus ⟨Anspruchsgrundlage⟩ ergeben / auf ⟨Anspruchsgrundlage⟩ gründen / stützen.

- Ein ⟨Anspruchsziel-⟩Anspruch des ⟨Anspruchsteller⟩ kann aus ⟨Anspruchsgrundlage⟩ begründet sein.

- ⟨Anspruchsteller⟩ kann gegen ⟨Anspruchsgegner⟩ ein ⟨Anspruchsziel-⟩Anspruch aus ⟨Anspruchsgrundlage⟩ zustehen.

- ⟨Anspruchsgegner⟩ kann ⟨Anspruchsteller⟩ zu/r ⟨Anspruchsziel⟩ verpflichtet sein.

- Angesichts des Fehlens (z. B. vertraglicher Verbindungen zwischen den Beteiligten) kommen nur (z. B. deliktische) Ansprüche in Betracht.

- Als Rechtsgrundlage für einen Anspruch des ⟨Anspruchsteller⟩ gegen ⟨Anspruchsgegner⟩ kommt zunächst ⟨Anspruchsgrundlage⟩ in Frage.

- ⟨Anspruchsteller⟩ kann gegen ⟨Anspruchsgegner⟩ wegen ... ein Anspruch auf ⟨Anspruchsziel⟩ erwachsen sein, der sich auf ⟨Anspruchsnorm⟩ stützen läßt.

Bei Ansprüchen auf Zahlung von Geld:

- ⟨Anspruchsgegner⟩ kann ⟨Anspruchsteller⟩ aus ⟨Anspruchsgrundlage⟩ zur Zahlung von ⟨Betrag⟩ verpflichtet sein.

- ⟨Anspruchsgegner⟩ kann ⟨Anspruchsteller⟩ wegen ⟨Anspruchsgrundlage⟩ ⟨Betrag⟩ / ⟨Schadensersatz in Höhe von ... ⟩ schulden.

Wenn der Anspruch im Ergebnis eher zu verneinen sein wird:

---

5 Zu einigen abweichenden Fallfragen sogleich S. 36 f.

- *Möglicherweise kann ⟨Anspruchsteller⟩ von ⟨Anspruchsgegner⟩ ⟨Anspruchsziel⟩ verlangen.*

- *Ein Anspruch des ⟨Anspruchstellers⟩ gegen ⟨Anspruchsgegner⟩ würde voraussetzen, daß ...*

Ist die gewählte Anspruchsgrundlage nicht auf Anhieb naheliegend, kann man auch einleiten

- *⟨Anspruchsteller⟩ kann einen Anspruch aus ⟨Anspruchsgrundlage⟩ haben, weil ...*

In solchen Fällen können Sie innerhalb der Prüfung eine Überschrift *Anspruchsgrundlage*, unter der Sie die Anspruchsgrundlage bestimmen und deren Voraussetzungen nennen, und eine weitere Überschrift *Anspruchsberechtigung* einschalten, unter welcher dann die Voraussetzungen nacheinander abgehandelt werden.

Wird ein Anspruch gegen mehr als einen Anspruchsgegner geprüft, so ist dies kenntlich zu machen:

- *⟨Anspruchsteller⟩ kann gegen ⟨Anspruchsgegner 1⟩ und ⟨Anspruchsgegner 2⟩ als Gesamtschuldner einen Anspruch auf ⟨Anspruchsziel⟩ haben.*

### Exkurs: Zum Verhältnis von Gutachtenmethode und Anspruchsmethode

Im Zivilrecht geht es meistens um Rechtsbeziehungen zwischen zwei oder mehr Personen, in der Regel in Form von Ansprüchen. Gelegentlich können aber auch Rechtsbeziehungen zwischen Personen und Sachen (z.B. Eigentumslage) oder Statusfragen (z.B. Erbenstellung, Arbeitnehmereigenschaft) Gegenstand der Frage sein. Eine Prüfung nach der Anspruchsmethode ist dann nicht möglich; trotzdem sollen Sie auch in diesen Fällen ein Gutachten erstatten. Zum Stil gilt also das hier Gesagte, nur der erste Obersatz wird abweichend vom Anspruchsschema formuliert.

Läßt die Fallfrage eine Formulierung nach dem Muster *Wer will was von wem auf welcher Anspruchsgrundlage?* nicht zu,

Beispiele: *N möchte wissen, was er nun tun kann. Was ist ihm zu raten?*
*E fragt, ob er noch Eigentümer des Kraftfahrzeugs ist. (Sachenrecht)*
*Ist die Kündigung des A wirksam? oder Hat eine Kündigungsschutzklage des B Aussicht auf Erfolg? (Arbeitsrecht)*

so sollten Sie den Obersatz, gegebenenfalls nach Auslegung der Fallfrage, möglichst so formulieren, daß dem Leser der Zusammenhang mit der Aufgabenstellung ohne weiteres Nachdenken erkennbar ist.

In den Beispielfällen also etwa:
*N kann den Vertrag anfechten, aus wichtigem Grund kündigen oder ...*
*(Ergebnis:) Anzuraten ist ihm wegen ..., zu kündigen.*

Sachenrecht:    (Überschrift z. B. *Eigentum des E an dem Kfz*) *E ist nach wie vor Eigentümer des Kfz, wenn nicht zugunsten eines der anderen Beteiligten ein Eigentumserwerbstatbestand eingreift.* (wenn dem Sachverhalt zufolge klar ist, daß E ursprünglich Eigentümer war, sonst:) *E ist Eigentümer, wenn er zunächst Eigentum erworben hat und dieses nicht an G oder H verloren hat.*

Arbeitsrecht:    (Überschrift z. B. *Wirksamkeit der A gegenüber ausgesprochenen Kündigung*) *Die Kündigung des Arbeitsverhältnisses des A ist wirksam, wenn sie fristgemäß erklärt wurde und ein Kündigungsgrund vorlag.* oder (Überschrift z. B. *Erfolgsaussichten einer Kündigungsschutzklage des A*) *Eine Kündigungsschutzklage des A / Die von A erhobene Kündigungsschutzklage hat Aussicht auf Erfolg, wenn sie zulässig und begründet ist.*)

Regel:    Wenn die Fallfrage eine Prüfung im Anspruchsschema zuläßt, ist diese vorzunehmen. Anderenfalls ist ein Gutachten zu erstatten; der erste Obersatz soll dann die Fallfrage aufgreifen. Er wird behandelt wie ein »Zwischenobersatz« in einem normalen Anspruchsgutachten, innerhalb dessen Sie ja ebenfalls auf die Wirksamkeit einer Kündigung eingehen können.

Die Fallfrage muß manchmal erst durch mehrere Zwischenstufen so übersetzt werden, daß man mit dem vertrauten »Wer will was von wem woraus?« ansetzen kann. Einfaches Beispiel: *Muß B das Fahrrad herausgeben?* muß man zunächst umformulieren in *Kann A von B das Fahrrad herausverlangen?* – gedanklicher Zwischenschritt in Obersatzform, der nicht niedergeschrieben wird: *B muß das Fahrrad herausgeben, wenn A es zu recht von ihm herausverlangen kann.*

Hinter den ersten Obersatz einer Fallprüfung paßt in aller Regel keine Fußnote, da Ihre Arbeitshypothese – schon weil sie fallspezifisch ist – keines Beleges bedarf. Allenfalls wenn es um einen eher fernliegenden Gedanken geht, kann man in der Fußnote sagen *Einen solchen Anspruch / Eine Strafbarkeit nach ... zieht auch ⟨Gericht / Autor, Fundstelle⟩ in Erwägung.*

### Exkurs: Woher nimmt man die Anspruchsgrundlage?

Im einfachsten und häufigsten Fall ist die Anspruchsgrundlage **dem Gesetz** zu entnehmen. Das Problem liegt dann höchstens darin, zwischen diskussionswürdigen und abwegigen Anspruchsnormen zu unterscheiden.

Bei **Richterrecht** besteht die Schwierigkeit darin, aus den einschlägigen Entscheidungen einen hinlänglich verallgemeinerungsfähigen Obersatz für die eigene Subsumtion herauszuziehen. Diese Arbeit übernehmen aber meist andere (Lehrbücher etc.). Jedenfalls sollte man darauf achten, die jüngste Entscheidung zum betreffenden Problem zu verwerten.

Manchmal muß man die Norm, unter die subsumiert werden soll, erst selbst konstruieren, so etwa im Fall der **Analogie**.

Eine umfängliche Begründung für die analoge Anwendung von Normen erübrigt sich in den Fällen, in denen sie bereits als Gewohnheitsrecht zum festen dogmatischen Bestand gehört, beispielsweise bei der positiven Forderungsverletzung oder bei der culpa in contrahendo. Man formuliert dann etwa:

- *Die Haftung aus Verschulden bei Vertragsverhandlungen ist gewohnheitsrechtlich / in Rechtsprechung und Literatur ⟨ggf. Fußnote mit ausgewählten Belegstellen⟩ und vom Gesetzgeber in § 11 Nr. 7 AGBG anerkannt / (läßt sich jedenfalls aus einer entsprechenden Anwendung der §§ 122, 179, 307, 663 BGB ableiten).*

und vermeidet die Aufzählung der Normen, die zur Analogiebildung herangezogen werden können. In Klausuren kann man sich in der Regel sogar diese kurze Herleitung sparen und darauf vertrauen, daß dem Leser die betreffende dogmatische Figur bekannt ist.

Meist ist die Analogie, auf die Sie eine Anspruchsgrundlage stützen, bereits gründlich von anderen vorgedacht; es geht dann nur noch darum, sie nachvollziehbar darzustellen. An das folgende Schema sollte man sich aber erst recht halten, wenn man selbst die entsprechende Anwendung einer Norm begründen will[6].

Zunächst empfiehlt sich eine – gegebenenfalls kurze – Bemerkung, daß die betreffende/n Regelung/en nicht unmittelbar Anwendung finden kann/können. Anderenfalls bräuchte man keine entsprechende Anwendung zu erwägen...

- *Die Vorschriften / Regeln des/r ⟨Norm/en⟩ ff. sind / waren zunächst für ⟨unstreitige Anwendungsfälle⟩ gedacht / auf... zugeschnitten. Für die hier in Frage / Rede stehenden ... kommt eine unmittelbar Anwendung wegen ⟨zu verneinendes Tatbestandsmerkmal⟩ nicht in Frage.*

- *⟨Norm⟩ erweist sich als nicht unmittelbar anwendbar.*

Dann weist man auf die Möglichkeit einer entsprechenden Anwendung hin:

- *Zu fragen ist, ob ⟨Norm/en⟩ im Wege der (Gesestzes-/Rechts-)Analogie angewendet werden kann / können.*

Von einer Gesetzesanalogie spricht man, wenn eine konkrete einzelne Vorschrift, von einer Rechtsanalogie dagegen, wenn der hinter eine Gruppe von Normen stehende Rechtsgedanke auf andere Fälle übertragen werden soll.

Deren Voraussetzungen müssen Sie benennen:

- *Dazu muß im Gesetz eine Regelungslücke bestehen.*

---

6  Zur diesbezüglich in Übungsarbeiten gebotenen Zurückhaltung unten S. 151.

- *Für ⟨vorliegenden Fall⟩ findet sich, wie bereits festgestellt, keine gesetzliche Regelung.*

- *Eine Analogie / analoge / entsprechende Anwendung von ⟨Norm⟩ ist nicht von vornherein durch (die Existenz des) ⟨Norm⟩ versperrt.*

- *⟨Norm⟩ beansprucht keine lückenlose Geltung.*

Die **Analogiefähigkeit der Regelung** bedarf nur der Thematisierung, wenn sich insoweit Bedenken ergeben, etwa weil es sich um eine Ausnahmeregelung handelt (singularia non sunt extendenda – Ausnahmen sind eng auszulegen).

- *Eine analoge Anwendung könnte dadurch gehindert sein, daß ... / Einer analogen Anwendung könnte entgegenstehen, daß ...*

Der entscheidende Gesichtspunkt ist die **wesentliche Ähnlichkeit von geregeltem und ungeregeltem Sachverhalt**:

- *Zulässig ist eine Analogie / ein Analogieschluß / ein Analogieargument / ein argumentum a simile nur, wenn der zu entscheidende Fall in der für die gesetzliche Regelung maßgeblichen Hinsicht gleich / ähnlich / vergleichbar ist wie die gesetzliche Regelung.*

- *Erforderlich ist die Ermittlung des tragenden Grundgedankens der gesetzlichen Regelung(en).*

- *Wie sich aus ⟨z. B. historisches oder teleologisches Argument⟩ ergibt, dient ⟨Gesetzesnorm⟩ der Regelung des Interessenkonflikts zwischen ... und ... / der Risikoverteilung in Fällen von .... Anknüpfungspunkt für die in ⟨Norm⟩ getroffene Regelung ist dabei erkennbar... Ebendies liegt auch für ⟨ungeregelte Fälle⟩ nahe. Das für ⟨gesetzliche Regelung⟩ typische / charakteristische Element findet sich ganz ähnlich / in vergleichbarem / noch ausgeprägterem Maße auch bei ⟨ungeregelter Fall⟩.*

Von der Qualität Ihrer Argumentation an dieser Stelle hängt die Überzeugungskraft des ganzen Analogiearguments ab.

Im Ergebnis können Sie dann feststellen:

- *⟨Unklarer Fall⟩ ist damit ⟨gesetzlich geregeltem / klarem Fall⟩ gleichzusetzen / -achten / -bewerten.*

- *Da ..., ist es gerechtfertigt, ⟨Norm⟩ auf (z. B. Fälle wie den vorliegenden) analog / entsprechend anzuwenden.*

## 2.  Zweite bis letzte Anspruchsgrundlage

Um ermüdende Wiederholungen zu vermeiden, kann bei Prüfung mehrerer Anspruchsgrundlagen sprachlich ein wenig variiert werden:

- *In Frage kommt weiter / ferner / schließlich ...*

● *Zu prüfen bleibt nur noch ein Anspruch aus* ...

**a) wenn vorheriger Anspruch bejaht wurde**
● *Darüber hinaus / Daneben / Des weiteren / Ferner / Weiter(hin) / Im übrigen / Außerdem / Zudem* ...

● *... käme / kommt (nur / noch / nur noch) ein Anspruch des ⟨Anspruchstellers⟩ gegen ⟨Anspruchsgegner⟩ auf ⟨Anspruchsziel⟩ aus ⟨Anspruchsgrundlage⟩ in Betracht / in Frage.*

● *... wäre / ist ... denkbar,* wenn der Anspruch im Ergebnis relativ klar absehbar scheitert.

● *Weiter kann / könnte ⟨Anspruchsteller⟩ sein Begehren (auch) auf ⟨Anspruchsgrundlage⟩ stützen.*

● *Darüber hinaus kann ⟨Anspruchsteller⟩ noch einen Anspruch aus / nach / gemäß ⟨Anspruchsgrundlage⟩ / wegen deliktischer Schädigung / Vertragsverletzung aus ⟨Anspruchsnorm⟩ haben.*

● *⟨Anspruchsteller⟩ kann gegen ⟨Anspruchsgegner⟩ weiter ein Anspruch aus ⟨Anspruchsgrundlage⟩ zustehen.*

● *Des weiteren beruft sich ⟨Anspruchsteller⟩ auf ⟨Anspruchsgrundlage⟩.*

● *Ein Anspruch auf ⟨Anspruchsziel⟩ kann auch aus ⟨Anspruchsgrundlage⟩ hergeleitet werden / begründet sein / läßt sich auch auf ⟨Anspruchsgrundlage⟩ stützen / gründen.*

● *Die von ⟨Anspruchsteller⟩ geltendgemachte Forderung kann sich (auch) aus ⟨Anspruchsgrundlage⟩ ergeben.*

**b) wenn vorheriger Anspruch verneint wurde**
● *⟨Anspruchsteller⟩ kann jedoch / aber* ...

● *Denkbar ist noch ein Anspruch* ...

● *In Betracht käme allenfalls noch ein Anspruch des ⟨Anspruchsteller⟩ aus ⟨Anspruchsgrundlage⟩.*

Schon durch diesen ersten Obersatz können Sie signalisieren, daß ein Anspruch eher abwegig ist und nur der Vollständigkeit halber geprüft wird.

### 3. Das erste Tatbestandsmerkmal

Die Prüfung einzelner Anspruchsvoraussetzungen kann auf unterschiedliche Art eingeleitet werden:

● *Dazu / Hierzu / Dafür / Hierfür / Dann müßte / muß zunächst ein/e ⟨Tatbestandsmerkmal⟩ vorliegen / gegeben sein.*

- *Dazu bedarf es einer/s ⟨ Tatbestandsmerkmal⟩ / Hierzu ist ⟨ Tatbestandsmerkmal⟩ notwendig / erforderlich / nötig.*

- *(Erste / Einzige) Voraussetzung (für einen ⟨Anspruchsziel-⟩Anspruch des ⟨Anspruchsteller⟩) ist (das Vorliegen / Bestehen eines) ⟨ Tatbestandsmerkmal⟩.*

- *⟨Anspruchsgrundlage⟩ verlangt / erfordert, (daß) ⟨ Tatbestandsmerkmal⟩.*

- *⟨Anspruchsteller⟩ muß / müßte dann … haben / sein.*

- *Ein ⟨ Tatbestandsmerkmal⟩ kann vorliegen, wenn ⟨ Teilmerkmal⟩.*

- *Ein solcher Anspruch ist (nur) gegeben, wenn …*

- *Gemäß ⟨(Anspruchs-)Norm⟩ kommt es (hierfür) darauf an, ob ⟨ Teilmerkmal⟩.*

- *Fraglich / Problematisch ist (zunächst) / Zunächst stellt sich die Frage, ob …*

- *⟨ Tatbestandsmerkmal⟩ kann erst angenommen werden, wenn nicht nur ⟨ 1. Teilmerkmal⟩, sondern auch ⟨ 2. Teilmerkmal⟩.*

Sie können den Obersatz negativ fassen, wenn das schneller zum Problem hinleitet:

- *Wegen ⟨ Sachverhaltsinformation⟩ kann es hier daran / an ⟨ Merkmal⟩ fehlen.*

Sinnvoll, aber nicht obligatorisch ist die Aufzählung aller Merkmale der Tatbestandsseite, die erfüllt sein müssen, um die im Obersatz genannte Rechtsfolge herbeizuführen. Wenig empfehlenswert ist das allerdings bei Normen mit zahlreichen Voraussetzungen oder komplizierten Konstruktionen, weil dann die Gefahr besteht, Probleme vorwegzunehmen. Außerdem wird dann der Obersatz unübersichtlich. Man kann verdeutlichen, daß man nur eine von mehreren Voraussetzungen prüft, indem man den ersten Obersatz mit *Zunächst / Zuerst* etc. einleitet.

### 4. Zweites bis letztes Tatbestandsmerkmal

- *Voraussetzung (für … ) ist weiter(hin) / schließlich / außerdem / überdies / zuletzt / noch / ferner …*

- *Die zweite / letzte Voraussetzung für … ist … /, die gegeben sein muß, um … bejahen zu können, ist …*

- *Fraglich / zu prüfen / untersuchen ist (nun), ob auch ⟨ 2. Tatbestandsmerkmal (im Sinne des ⟨ Norm⟩)⟩ vorliegt / eingetreten / gegeben / erfüllt ist.*

- *Weiter / des weiteren / darüber hinaus verlangt ⟨ Norm⟩, daß ⟨nächstes Tatbestandsmerkmal⟩ eingetreten ist.*

- *Ob ⟨weiteres Tatbestandsmerkmal⟩ gegeben ist, ist jedoch / zumindest / allerdings zweifelhaft / fraglich / zu bezweifeln / problematisch / näher zu überlegen / prüfen.*

- *Fraglich ist dagegen / hingegen, ob ...*

- *Für ⟨Anspruch⟩ fehlt es nun nur noch an ⟨letztes Tatbestandsmerkmal⟩.*

- *Weitere / n-te und letzte Anspruchsvoraussetzung ist ...*

- *Sodann müßte ⟨Anspruchsgegner⟩ ⟨Handlung⟩ ... haben.*

- *Schließlich muß ...*

- *⟨Zuvor bejahtes Merkmal⟩ muß wiederum ⟨nächstes Merkmal⟩ sein. (Z.B.: Der Vertrag muß ein gegenseitiger sein.)*

- *Es muß (so)dann / zudem ein/e ... vorliegen / vorgelegen haben.*

- *Außer von ... ist ⟨Rechtsfolge⟩ von ... abhängig.*

- *Damit steht jedoch noch nicht fest, daß / ob ... . Zusätzlich muß nämlich ⟨3. Tatbestandsmerkmal⟩ erfüllt sein.*

- *Ein ... (allein) begründet noch kein/e/n ... . Hinzukommen muß (vielmehr) ...*

- *Bedenken ergeben sich allerdings wegen des/r / hinsichtlich des/r ⟨Tatbestandsmerkmal⟩.*

- *Damit ist jedoch nicht gesagt, daß ... / steht noch nicht fest, ob ... . Es muß zusätzlich ... vorliegen.*

Im günstigsten Fall liest sich eine Zusammenschau derjenigen Obersätze, die die Prüfung eines neuen Merkmals einleiten, so, daß der Leser daraus die geprüfte Norm(enkette) mit allen einschlägigen Voraussetzungen rekonstruieren kann.

Zitieren Sie bei alternativen Tatbestandsmerkmalen nur den Teil der Norm, unter den Sie auch subsumieren wollen.

### a) positive Voraussetzungen

- *Weiter ist (nach ⟨Anspruchsnorm⟩) erforderlich, daß es sich bei ⟨Sachverhaltsinformation⟩ um ⟨Tatbestandsmerkmal⟩ handelt.*

- *Des weiteren verlangt ⟨Anspruchsnorm⟩ ...*

- *Auch / Zudem / Darüber hinaus / Weiterhin / Schließlich muß / müßte ⟨Tatbestandsmerkmal⟩ gegeben sein / vorliegen.*

- *Zum Tatbestand / Zu den Voraussetzungen des ⟨Anspruchsgrundlage⟩ gehört / zählt außerdem / ferner das ... -erfordernis / ⟨Tatbestandsmerkmal⟩.*

- *⟨Sachverhaltsinformation⟩ muß außerdem den Anforderungen des ... -gebots genügen.*

Will man ein Merkmal verneinen oder die Entscheidung einer ergebnisrelevanten umstrittenen Frage bewußt vorläufig offenhalten, kann man die genannten Formulierungen mit *Aber / Jedoch / Indessen / Allerdings / Freilich* einleiten.

**b) negative Voraussetzungen**
Beachten Sie, daß im Verneinungsfall die Formulierung mit *müssen* leicht mißverständlich wird:

*Der Schuldner muß die Leistung, zu der er verpflichtet ist, nicht erbracht haben.*[7]

ist etwas anderes als

*Der Schuldner darf die Leistung, zu der er verpflichtet ist, nicht erbracht haben.*

- *Ein Anspruch aus ⟨Anspruchsgrundlage⟩ kommt nicht in Betracht / scheidet aus, wenn / falls ... .*

- *Der Anspruch / Die Haftung des ⟨Anspruchsgegner⟩ ist zu verneinen / ausgeschlossen / unmöglich / kann ausgeschlossen sein, sofern ...*

- *Einem Anspruch aus ⟨Anspruchsgrundlage⟩ kann entgegenstehen, daß ...*

- *Es darf (allerdings / aber / jedoch) kein ... vorliegen / kein Haftungsausschlußgrund eingreifen.*

- *Handelte es sich hier aber um ... , so entfiele ...*

- *Eine andere Bewertung könnte / kann (allenfalls) unter dem Gesichtspunkt ... gerechtfertigt erscheinen / sein.*

- *Etwas anderes kann / könnte sich aber aus dem Umstand / der Tatsache ergeben, daß ...*

- *Etwas anderes muß / kann / könnte / würde gelten / wäre der Fall, wenn ...*

- *Allerdings ⟨Sachverhaltsinformation⟩ mit der möglichen Folge, daß ...*

- *⟨Anspruchsgegner⟩ haftet also auf ⟨Anspruchsziel⟩, es sei denn, daß ...*

- *Ein Anspruch aus ⟨Anspruchsgrundlage⟩ besteht nur, wenn nicht ⟨negatives Merkmal⟩.*

- *Jedoch gilt dies nur vorbehaltlich ⟨des Nichtvorliegens des negativen Merkmals⟩.*

**c) Ungeschriebene Tatbestandsmerkmale**
Manchmal lassen sich aus der Lektüre der zu prüfenden Norm deren Tatbestandsvoraussetzungen nicht vollständig entnehmen, weil der Gesetzgeber die Erwähnung einer Selbstverständlichkeit nicht für nötig gehalten hat (Beispiel: Bestimmtheitsgebot im Sachenrecht) oder weil Rechtsprechung und Lehre die Norm im Lauf der Zeit »korrigiert« haben.

---

7 Brox, Schuldrecht Allgemeiner Teil, Rn. 272, zu den Voraussetzungen des Schuldnerverzugs.

Ist das Merkmal nicht umstritten, verfahren Sie wie hier gezeigt. Allerdings emp-fiehlt es sich in Hausarbeiten, mit einer Fußnote zu belegen, woher Sie das Merkmal nehmen.

- *Ungeschriebenes (Tatbestands-)Merkmal des ⟨Anspruchsnorm⟩ ist ...*

- *Das Erfordernis ... läßt sich zwar nicht unmittelbar ⟨Norm⟩ entnehmen, ergibt sich aber im Umkehrschluß aus ⟨Norm⟩.*

### d) Gegennormen – Einreden, Einwendungen

Bei der Prüfung einer Gegennorm wird der Obersatz der Anspruchsprüfung in sein Gegenteil gewendet:

- *⟨Anspruchsteller⟩ hat keinen Anspruch ... wenn ⟨Anspruchsgegner⟩ ihm ein/e ⟨Ge-genrecht⟩ entgegenhalten kann.*

Neben den soeben unter bb) genannten Formulierungen sind noch folgende mög-lich:

- *Die Vereinbarung / Das (Rechts-)Geschäft / der Vertrag wäre jedoch (wegen ⟨Norm⟩) unwirksam / nichtig, wenn es / sie gegen die guten Sitten / die Verbotsnorm des ⟨Ver-botsnorm⟩ / die zwingenden (Form-)Vorschriften des ... -gesetzes verstieße.*

- *Ein/e ... darf nicht nach ⟨Einwendungsnorm⟩ / den Regeln über ... ausgeschlossen sein.*

- *Der Geltendmachung des Anspruchs kann / könnte die ... -Einrede (des ⟨Norm⟩) entgegenstehen.*

- *⟨Anspruchsgegner⟩ beruft sich (dagegen) auf ⟨Gegennorm⟩ / macht ⟨Gegennorm⟩ geltend / wendet nun ein / behauptet, er habe ⟨z. B. ein Zurückbehaltungsrecht⟩.*

- *Der ⟨Anspruchsziel-⟩Anspruch des ⟨Anspruchsteller⟩ kann / könnte daran scheitern, daß ... / an ... scheitern.*

- *⟨Sachverhaltsinformation⟩ darf (aber) kein ⟨Tatbestand der Gegennorm⟩ sein.*

- *Die Durchsetzung des Anspruchs kann aber vorübergehend / dauernd / dauerhaft gehemmt sein, wenn ...*

- *Es kann sein, daß ⟨Anspruchsgegner Gegenrecht hat⟩.*

Achten Sie darauf, daß Sie **zuerst die Rechtsfolge nennen**. Der Leser will wis-sen, warum die Gegennorm geprüft wird.

Wenn der Gegensatz zum bisherigen (Zwischen-)Ergebnis signalisiert werden soll, etwa weil das Vorliegen des Merkmals im Ergebnis verneint werden wird oder weil es sich um ein negativ formuliertes Merkmal handelt, setzen Sie

*aber, jedoch, allerdings*, u. U. *dagegen.*

## 5. Verknüpfung alternativer Tatbestandsmerkmale

Die Prüfung verschiedener in einem Alternativitätsverhältnis stehender Tatbestandsmerkmale ist zu unterscheiden von der Situation, daß eine Vorschrift
mehrere Ansprüche enthält. Im einen Fall sind die Rechtsfolgen die gleichen, im
anderen können sie sich unterscheiden. Deswegen sollte man im letzten Fall überlegen, ob man nicht die Vorschrift zweimal durchprüft: jeweils im Blick auf die zu
benennende Rechtsfolge.

- *⟨Rechtsfolge⟩ tritt auch ein, wenn ⟨alternatives Tatbestandsmerkmal⟩ vorliegt.*

- *Liegt danach kein ⟨Tatbestandsmerkmal⟩ vor, so ⟨ist Rechtsfolge nur gegeben⟩, wenn
  ⟨alternatives Tatbestandsmerkmal⟩.*

- *⟨Tatbestandsmerkmal⟩ kann nicht angenommen werden; es kommt aber / allenfalls
  noch ⟨alternatives Tatbestandsmerkmal⟩ in Betracht.*

- *⟨Sachverhaltsinformation⟩ stellt zwar noch kein/e/n ⟨Tatbestandsmerkmal⟩, wohl
  aber ein/e/n ⟨alternatives Tatbestandsmerkmal⟩ dar; dies ist für ein/e/n ⟨Anspruch⟩
  ausreichend / reicht für ⟨Delikt⟩ aus / genügt für . . .*

- *Hiervon zu unterscheiden ist die Frage, ob ⟨alternatives Tatbestandsmerkmal⟩ verwirklicht ist.*

- *Daneben kann auch ⟨alternatives Tatbestandsmerkmal⟩ gegeben sein.*

- *Der/Die/Das fehlende ⟨Merkmal⟩ kann durch ⟨alternatives Merkmal⟩ ersetzt werden.*

Gibt es mehrere Tatbestandsmerkmale, von denen nur eines erfüllt sein muß, so
sind – wie immer – nur diejenigen zu prüfen, die ernsthaft in Betracht kommen. Es
ist zu empfehlen, selbst dann das zweite Merkmal zu prüfen, wenn man das erste
bereits bejaht hat. Der Leser mag hinsichtlich des ersten Merkmals anderer Meinung sein, so daß hier ein verdecktes hilfsweises Vorgehen ihn von der Richtigkeit
des Ergebnisses überzeugen kann. Vorsicht ist allerdings in den – seltenen – Fällen
geboten, in denen die Bejahung des einen Merkmals die des anderen aus-
schließt.

Nicht immer schließen sich verschiedene »Alternativen« gegenseitig aus. Mehrere
Mordmerkmale (§ 211 StGB) können ohne weiteres aufeinandertreffen; da dies
für den Unrechtsvorwurf und damit das Strafmaß von Bedeutung ist, müssen dann
alle einschlägigen »Alternativen« / Begehungsweisen geprüft werden.

Im Verneinungsfall und sehr knapp:

- *Ebensowenig ⟨liegt alternatives Merkmal vor⟩.*

Ähnlich knapp, wenn beide Merkmale zu bejahen sind:

- *In ⟨Sachverhaltsinformation⟩ liegt zugleich ein/e ⟨alternatives Merkmal⟩.*

## B.  Untersatz

Diesen Schritt kann man einleiten mit:

- *Fraglich / Zu untersuchen / prüfen ist / bleibt, ob* ...

- *Dies ist (im folgenden / nun) zu prüfen. / Es ist (nun) zu prüfen, ob* ...

- *Dies / Das ist der Fall / anzunehmen / zu bejahen / trifft zu, wenn* ...

- *Der Tatbestand des/der ⟨Anspruchsgrundlage / Merkmal⟩ ist gegeben / erfüllt, wenn* ...

In den einfachen Fällen reicht oft eine schlichte Gleichsetzung des fraglichen Tatbestandsmerkmals mit dem betreffenden Sachverhaltsteil[8]. Liegen die Dinge komplizierter, muß man in mehreren Schritten Sachverhalt und Tatbestand der Norm aufeinanderzuentwickeln, um erst am Ende feststellen zu können, ob der konkrete Sachverhalt der Norm unterfällt oder nicht.

## 1. Definition

Zuerst ist der Begriff, unter den man subsumieren will, zu definieren.

### a)  Woher nimmt man eine Definition?
aa) Im günstigsten Fall findet sich die Definition im Gesetz. Man nennt das eine **Legaldefinition**. Ein Beispiel ist die Definition des Volksfestes in § 60b I GewO:

*Ein Volksfest ist eine im allgemeinen regelmäßig wiederkehrende, zeitlich begrenzte Veranstaltung, auf der eine Vielzahl von Anbietern unterhaltende Tätigkeiten im Sinne des § 55 Abs. 1 Nr. 2 ausübt und Waren feilbietet, die üblicherweise auf Veranstaltungen dieser Art feilgeboten werden.*

bb) Ähnlich wie eine Legaldefinition können **Fiktionen** funktionieren. Typisch ist folgende Formulierung:

*Die Fahrscheine sind bis zum Verlassen des abgegrenzten Bahngebiets aufzubewahren. Als abgegrenzte Bahngebiete gelten alle S-, R- und U-Bahn-Stationen.*

Das ist eine Fiktion, weil letztere Aussage offensichtlich der Wirklichkeit nicht entspricht: Die Stationen sind mehrheitlich gerade nicht abgegrenzt.

Lesen Sie auch § 950 I 2 BGB oder § 4 I 2 ProdHaftG:

*Als Hersteller gilt auch jeder, der sich durch das Anbringen seines Namens, seiner Marke oder eines anderen unterscheidungsfähigen Kennzeichens als Hersteller ausgibt.*

cc) Das Gesetz definiert so zentrale Begriffe wie den Schatz (§ 984 BGB), leider

---

8 Dazu unten S. 47.

aber nicht Nebensächlichkeiten wie den Vertrag, die Willenserklärung und dergleichen.

Hier bleibt nur der Blick in die Lehrbuch- und Kommentarliteratur, über welche dann die **Definitionen von Rechtsprechung und Rechtswissenschaft** erschlossen werden können.

Ein praktisches Beispiel: Versuchen Sie einmal, den Begriff »Eisenbahn« zu definieren. Vergleichen Sie Ihre Definition mit der des Reichsgerichts[9]:

*... ein Unternehmen, gerichtet auf wiederholte Fortbewegung von Personen oder Sachen über nicht ganz unbedeutende Raumstrecken auf metallener Grundlage, welche durch ihre Konsistenz, Konstruktion und Glätte den Transport großer Gewichtmassen, beziehungsweise die Erzielung einer verhältnismäßig bedeutenden Schnelligkeit der Transportbewegung zu ermöglichen bestimmt ist, und durch diese Eigenart in Verbindung mit den außerdem zur Erzeugung der Transportbewegung benutzten Naturkräften (Dampf, Electrizität, thierischer oder menschlicher Muskelthätigkeit, bei geneigter Ebene der Bahn auch schon der eigenen Schwere der Transportgefäße und deren Ladung, u. s. w.) bei dem Betriebe des Unternehmens auf derselben eine verhältnismäßig gewaltige (je nach den Umständen nur in bezweckter Weise nützliche, oder auch Menschenleben vernichtende und die menschliche Gesundheit verletzende) Wirkung zu erzeugen fähig ist.*

Geht es treffender?

**b)  Formulierungen**

- *Unter ⟨Tatbestandsmerkmal⟩ ist ⟨Definition⟩ zu verstehen.*

- *Unter ⟨Tatbestandsmerkmal⟩ im engeren / eigentlichen / weiteren Sinn versteht man . . .*

- *Unter den Begriff des / der ⟨Tatbestandsmerkmal⟩ wird / werden ⟨Anwendungsfälle der Definition⟩ gefaßt.*

- *Ein / e ⟨Tatbestandsmerkmal⟩ liegt vor / ist gegeben / anzunehmen, wenn / falls ⟨Definition⟩.*

- *⟨Tatbestandsmerkmal⟩ ist / bedeutet ⟨Definition⟩ (, mit anderen Worten / mit den Worten des Gesetzes: . . . ).*

- *⟨Sachverhaltsinformation⟩ ist ⟨Tatbestandsmerkmal⟩, wenn ⟨Voraussetzungen gemäß Definition⟩.*

- *Diese / r ist gekennzeichnet / charakterisiert durch . . . / zeichnet sich durch . . . aus.*

- *(Ob) . . . beurteilt sich nach (z.B. Legaldefinition) / bemißt sich daran, ob . . .*

- *Die Frage, ob . . . , ist auf der Grundlage von . . . zu beurteilen.*

---

9 RGZ 1, 247, 252 – Orthographie und Interpunktion wurden im Originalzustand belassen.

- *Unter* ⟨ *Tatbestandsmerkmal* ⟩ *versteht man* ⟨ *Definition* ⟩.

- ⟨ *Norm* ⟩ *bezeichnet alle* ⟨ *Anwendungsfälle* ⟩ *als* ⟨ *Tatbestandsmerkmal* ⟩, *die* ⟨ *Definition* ⟩.

- *Es genügt (nicht) / reicht (nicht) aus, wenn / daß ...*

- *Ob ... , richtet / entscheidet / bestimmt sich nach* ⟨ *Norm* ⟩.

- *Maßgeblich für die ... -eigenschaft des / r ... ist ...*

- *So verhält es sich, wenn ...*

- *Ein / e ... soll immer (dann) vorliegen, wenn ...* [10]

Manchmal kann man sich nur über Fälle oder **Fallgruppen** einer Definition nähern. Das gilt besonders bei unbestimmten Rechtsbegriffen und Generalklauseln (zum Beispiel §§ 138, 242, 315, 826 BGB).

- *Als ... kommen alle ... in Betracht.*

- ⟨ *Norm / Begriff* ⟩ *erfaßt / bezieht sich (nur) auf* ⟨ *Fälle* ⟩.

- *Zu* ⟨ *Tatbestandsmerkmal* ⟩ *zählen / gehören (insbesondere / namentlich / vor allem / im wesentlichen / beispielsweise / regelmäßig / typischerweise / auch)* ⟨ *Fälle der Definition* ⟩.

- *Als* ⟨ *Tatbestandsmerkmal* ⟩ *wird / werden* ⟨ *Fälle der Definition* ⟩ *angesehen.*

Ist die vorgefundene **Definition nicht** so **eindeutig**, wie man sie für die Subsumtion im gegebenen Fall braucht, so wird hier oft die Auslegung des Gesetzes erforderlich werden. Die »Aufbereitung« des Gesetzes zu einer für den Einzelfall subsumtionstauglichen Form kann problematisch, umstritten und langwierig sein.

- *Mit diesem ... -begriff läßt sich auch die Situation des* ⟨ *Anspruchstellers* ⟩ *beschreiben / kennzeichnen / erfassen. Fraglich ist aber, ob der Begriff sachgerecht ist.*

Man kann auch »**im Vorübergehen« definieren**:

- *B müßte das Bild durch Leistung des L, das heißt durch bewußte und zweckgerichtete Vermögensmehrung seitens L, erlangt haben.*

- *Eine Leistung des L im Sinne einer bewußten und gewollten Vermögensmehrung liegt in der Übertragung des Eigentums an dem Bild auf B.*

- *Ob hier eine Leistung, also eine bewußte und gewollte Vermögensmehrung, seitens des B anzunehmen ist, erscheint zunächst zweifelhaft.*

---

10 Die Formulierung mit *soll* verwendet man vorzugsweise bei Definitionen, von denen man sich etwas distanzieren will oder zu denen man sich einer näheren Stellungnahme enthält.

Das hat den Vorteil der Platzersparnis, ist aber nur bei halbwegs übersichtlichen und unstreitigen Definitionen sinnvoll, schon damit der Satz nicht zu lang wird.

Ungeschickt ist es, zunächst **mehrere Definitionen** zu verschiedenen Tatbestandsmerkmalen zu präsentieren (also etwa zu sagen, daß ein Vertrag aus Angebot und Annahme bestehe, um darauf zunächst Angebot und sodann Annahme zu definieren) und erst danach unter die einzelnen Begriffe zu subsumieren. In komplizierten Fällen führt das schnell zu einem unübersichtlichen und schwer nachvollziehbaren Aufbau. Definitionen sollten Sie also erst präsentieren, wenn Sie auch gleich im Anschluß darunter subsumieren können.

### Definition des Gegenteils?
Üblicherweise schwenkt man bei der Subsumtion nicht einfach auf die Verneinung des betreffenden Merkmals um

● *Ein/e ⟨Merkmal⟩ ist zu verneinen / liegt jedenfalls nicht vor, wenn* ...

Den Leser interessiert wegen der im Obersatz genannten Rechtsfolge, ob und wann dieses Merkmal erfüllt ist, nur in zweiter Linie, wann es nicht erfüllt ist. Manchmal ist es aber einfacher, das Nichtvorliegen eines Merkmals festzustellen; fehlt es beispielsweise an einer klaren oder allgemein akzeptierten Definition, während über einige wenige Fälle des Nichtvorliegens allgemein Einigkeit besteht, bietet sich dieser Weg an. Das gilt aber nur, wenn man das Merkmal dann auch wirklich verneint, denn sonst ist für die Subsumtion nichts gewonnen.

### c) Präzisierung in Richtung auf den Fall
● *Hierzu ist ... nicht erforderlich / Das ... ist nicht alleinentscheidend; es kommt vielmehr (wesentlich / entscheidend / vordringlich) darauf an, daß / ob* ...

● *⟨Tatbestandsmerkmal⟩ ist nicht im Sinne von / wie ⟨ähnlicher Begriff / gleicher Begriff in anderem Rechtsgebiet / Begriff im... -rechtlichen Sinne⟩ zu verstehen.*

● *Auf ... kommt es nicht an / (Ob ... ,) ist dabei unerheblich / nicht von Bedeutung / ohne Bedeutung / bedeutungslos / irrelevant / unbeachtlich / spielt keine Rolle. Ausschlaggebend / schöner: Maßgeblich ist, ob* ...

● *Der Begriff der/s ⟨Tatbestandsmerkmal⟩ umfaßt nicht nur ⟨Hauptanwendungsfall⟩, sondern auch ⟨weniger naheliegenden Fall⟩.*

● *Da ⟨Umstand⟩, dürfen an ... keine allzu hohen Anforderungen gestellt werden. Für ... wird daher ... genügen müssen / ⟨Sachverhaltsinformation⟩ ist daher als ausreichend anzusehen.*

● *Zu ⟨Anwendungsfälle des Tatbestandsmerkmals⟩ gehört / gehören auch ⟨Fälle der Sachverhaltsinformation⟩.*

Achten Sie darauf, daß Sie nicht seitenlang den Obersatz immer weiter präzisieren, um dann mit einem lapidaren Satz zu subsumieren. Das birgt die Gefahr lehrbuchartiger Ausführungen, die zumal bei eher unproblematischen Merkmalen oder bei zu verneinenden Merkmalen leicht detaillierter werden als notwendig.

Die genauer gefaßten Obersätze sollten Sie nicht ausnahmslos mit

● *Fraglich ist nunmehr, ob . . .*

einleiten, sondern zur Abwechslung gelegentlich einmal mit

● *Hierfür ist von Bedeutung, ob . . . unter . . . zu subsumieren ist.*

● *Damit stellt / ergibt sich die Frage / das Problem / ist die Frage / das Problem aufgeworfen / angeschnitten, ob . . .*

● *. . . verlagert sich damit auf die Frage, . . .*

● *Klärungsbedürftig / Zu untersuchen / prüfen ist daher, . . .*

### d)  Belege
aa) bei Legaldefinitionen:

Ist das Merkmal im Gesetz definiert, so ist zunächst von dieser Definition auszugehen. Im Einzelfall kann man problematisieren, ob der Begriff weit oder eng auszulegen ist.

● *Nach / Gemäß / Entsprechend* nicht ganz so schön: *laut ⟨Definitionsnorm⟩ / ⟨Definitionsnorm⟩ zufolge ist ⟨Begriff⟩ ⟨Definition⟩.*

● *⟨Definitionsnorm⟩ definiert ⟨Begriff⟩ als ⟨Definition⟩.*

● *⟨Begriff⟩ ist / bedeutet / ist zu verstehen / aufzufassen als ⟨Definition⟩ (Norm).*

bb) bei Quellen außerhalb des Gesetzes:
● *Nach der / einer . . . / Der . . . zufolge . . .*

● *. . . zutreffenden / herrschenden / überwiegenden / allgemeinen / allgemein anerkannten / üblichen / einer (im Vordringen begriffenen / jüngeren / neueren / (nur noch / bislang noch nur) vereinzelt vertretenen / gebliebenen . . . ) / hauptsächlich / vornehmlich / meist / im wesentlichen in der Literatur / Rechtsprechung vertretenen*

● *. . . Meinung / Ansicht / Auffassung / Theorie / These . . .*

● *. . . in Literatur (weniger gelungen: eine literarische Meinung) / Lehre / Schrifttum / Wissenschaft und Judikatur / Rechtsprechung . . .*

● *. . . ist / bedeutet ⟨Begriff⟩ ⟨Definition⟩.*

Da Lehrbücher und Kommentare, in denen Sie im allgemeinen Definitionen finden, auf die das Gesetz verzichtet hat, nicht den Charakter von Rechtsquellen haben, kann es nötig sein zu problematisieren, ob die wiedergegebene Definition richtig / angemessen ist; findet sich in jedem Buch eine andere Definition, sollte man nicht kommentarlos eine davon auswählen, sondern diskutieren, warum die bevorzugte zu bevorzugen ist[11].

Vorsicht: Die Berufung auf Autoritäten ersetzt nicht die Begründung. Es ist verdienstvoll, wenn Sie die Auffassung des BGH kennen; Sie sollten sich ihr aber nicht ohne Angabe von Gründen anschließen. Das klingt nicht nur autoritätshörig – das ist autoritätshörig.

## 2. Benennen der in Frage kommenden Sachverhaltsteile

Die hier gewählte Reihenfolge – erst die Anforderungen des geprüften Rechtssatzes, dann die möglicherweise darunter passenden Informationen aus dem Sachverhalt nennen – ist nicht zwingend. Um den Fallbezug deutlich zu machen, ist es zweckmäßig, beides in engem Zusammenhang, wenn es geht, in einem Satz zu präsentieren.

- *Ein / e / n ⟨Tatbestandsmerkmal⟩ kann / könnte im vorliegenden / gegebenen Fall / hier der / die / das ⟨Sachverhaltsinformation⟩ sein / darstellen.*

- *Als ⟨Tatbestandsmerkmal⟩ kommt (nur / allenfalls / höchstens) ⟨Sachverhaltsinformation⟩ in Betracht / Frage.*

- *Dies kann hier in Gestalt / Form des/r ⟨Sachverhaltsinformation⟩ geschehen sein.*

Bei **Regel-Ausnahme-Verhältnissen** ist es oft sinnvoll, zuerst kurz festzustellen, daß der Regelfall nicht gegeben ist, bevor man die Ausnahme prüft.

Z. B. zuerst

*keine eigene Willenserklärung des Vertretenen,* dann *auch keine zurechenbare Willenserklärung des Vertreters,*

oder

*kein Verschulden des Vertragspartners,* dann *aber zurechenbares Verschulden seines Erfüllungsgehilfen.*

Bei problematischen Merkmalen geht es weiter mit

*Dies ist zweifelhaft / nicht unzweifelhaft mit Rücksicht auf ⟨Umstand⟩ und den/die daraus folgende / daran geknüpfte ⟨rechtliches Problem⟩.*

## 3. Subsumtion

Dieser Schritt kann in einer kommentarlos-kurzen Gleichsetzung von Tatbestandsmerkmal und Sachverhaltsinformation bestehen, wenn begründet zu erwarten ist, der Leser werde das fragliche Merkmal als unproblematisch betrachten. In

---

11 Ausführlicher hierzu unten bei »Streitfragen«, S. 66 ff.

den weniger eindeutigen Fällen muß hier möglicherweise aufwendiger argumentiert werden.

- *⟨Sachverhaltsinformation⟩ ist ⟨Tatbestandsmerkmal⟩ (in diesem / im obigen / soeben beschriebenen Sinne).*

- *Nach diesen Kriterien / diesem Kriterium liegt mit ⟨Sachverhaltsinformation⟩ ein/e ⟨Tatbestandsmerkmal⟩ vor.*

- *Indem / Als / Dadurch, daß ⟨z. B. Anspruchsteller⟩ ⟨handelte⟩, hat er / sie ⟨Tatbestandsmerkmal⟩ erfüllt.*

- *Darin / Hierin ist ein/e ⟨Tatbestandsmerkmal⟩ zu sehen / zu erblicken / gegeben.*

- *Aus ... ist auf ... zu schließen / kann auf ... geschlossen werden / ist / wird ersichtlich / deutlich / klar, daß ...*

- *⟨Tatbestandsmerkmal⟩ besteht (hier) in ⟨Sachverhaltsinformation⟩.*

- *In ⟨Sachverhaltsinformation⟩ ist ⟨Tatbestandsmerkmal⟩ zu sehen.*

- *Mit ⟨Sachverhaltsinformation⟩ ist ⟨Tatbestandsmerkmal⟩ gegeben.*

- *⟨Sachverhaltsinformation⟩ stellt eine/n ⟨Tatbestandsmerkmal⟩ dar / erfüllt diese(s) ⟨Tatbestandsmerkmal(e)⟩.*

- *⟨Sachverhaltsinformation⟩ unterfällt dem Begriff des ⟨Tatbestandsmerkmal⟩ (in ⟨Norm⟩).*

- *Daraus läßt sich entnehmen, daß ...*

- *Aus ⟨Umstand⟩ geht hervor, daß ...*

- *Tatsächlich war / ist ... .*

- *In Anwendung auf den Fall / auf ⟨z. B. Anspruchsteller⟩ bedeutet dies ...*

- *Bei ⟨Sachverhaltsinformation⟩ handelt es sich um ein/e ⟨Tatbestandsmerkmal⟩ (im Sinne des / von ⟨Norm⟩).*

- *⟨Sachverhaltsinformation⟩ ist / bedeutet / enthält / bringt ⟨Tatbestandsmerkmal⟩ mit sich.*

- *Daß ⟨ ... ⟩, ändert hieran nichts: ⟨Grund für Unmaßgeblichkeit⟩* Vorsicht: Urteilsstil!

- *⟨Sachverhaltsinformation⟩ ist ein Fall von ⟨Tatbestandsmerkmal⟩.*

- *Der/Die/Das ⟨Tatbestandsmerkmal⟩ zeigt sich in ⟨Sachverhaltsinformation⟩.*

- *Dazu gehören / zählen / auch / insbesondere / namentlich / vor allem / hauptsächlich ⟨Fälle von ... ⟩.*

Bei letzterer Formulierung möglichst nicht sagen ... *ist ein eindeutiger Fall / die klassische / typische Situation von* ... , wenn Sie nicht sicher wissen und belegen können, daß es sich um den klassischen Fall handelt. Die Gefahr ist groß, auf diesem Weg sich die Subsumtion ganz zu ersparen. Außerdem weiß man nie so genau, was eigentlich die typische Situation ist.

Etwas kurz angebunden klingen

● *So / Nicht anders liegen die Dinge hier.*

● *Nichts anderes ist ... / in ... zu sehen.*

● *So verhält es sich hier / vorliegend:* ⟨*Feststellung*⟩.

Man sollte diese Wendungen nur zurückhaltend einsetzen.

Gibt der Sachverhalt Umstände vor, die erkennbar Anlaß zu näherer Diskussion geben sollen, im Ergebnis aber keine andere Bewertung rechtfertigen:

● *Dagegen / Gegen dieses / das bisherige Ergebnis könnte sprechen, daß* ⟨*Umstand*⟩.

Im Ergebnis können Sie diesen Umstand vielleicht noch einmal aufgreifen mit:

● *Auch* ⟨*Umstand*⟩ *hindert also nicht die Annahme eines/r ... / steht einem/r ... nicht entgegen / beseitigt nicht ... / läßt ... nicht entfallen / schließt ... nicht aus.*

Wenn der Sachverhalt Informationen enthält, die auf den ersten Blick auch ein anderes Ergebnis möglich erscheinen lassen

● ⟨*Umstand*⟩ *ist (insoweit) unerheblich / Auf* ⟨*Umstand*⟩ *kommt es hierfür nicht an.*

Bei den Schwerpunkten des Falles erfolgt meist in diesem Schritt die Darstellung, Aufbereitung und Entscheidung einer Streitfrage. Dies kann eine Menge Raum in Anspruch nehmen[12]. Am Ende muß aber ebenfalls festgestellt werden, der Sachverhalt unterfalle dem Tatbestand der geprüften Norm – oder eben nicht.

Will man dabei noch einmal zum Ausdruck bringen, daß die Entscheidung nicht ganz eindeutig ist, kann das so aussehen:

● *Im (Hin-)Blick auf das soeben / zuletzt Gesagte / Gerade angesichts dessen erscheint / ist es gerechtfertigt / sinnvoll / zweckmäßig / naheliegend / sachgerecht / interessengerecht,* ⟨*Sachverhaltsinformation*⟩ *als einen (Anwendungs-)Fall von* ⟨*Tatbestandsmerkmal*⟩ *zu betrachten / dem Begriff des/r* ⟨*Tatbestandsmerkmal*⟩ *unterzuordnen.*

● *Unter dem Gesichtspunkt (z.B. des Normzwecks) ist also ... überzeugend / zwingend / sinnvoll / angemessen / notwendig.*

Wichtig ist es, mit der »Aufbereitung« der Norm nicht aufzuhören, bevor sie ausreichend weit an den Sachverhalt angenähert ist. Andernfalls besteht die Gefahr,

---

12 Zu Aufbau und Formulierungen unten S. 66 ff.

daß Ihre Ausführungen zum Sachverhalt in der Luft hängen, weil dem Leser nicht erkennbar wird, ob bereits ein Vergleich zwischen Normtext und Lebenssachverhalt möglich ist.

## 4. Alternative Vorgehensweise

Man kann die Prüfung auch mit der Beschreibung oder Wiedergabe des einschlägigen Sachverhaltsteils beginnen:

- *Bei ⟨Sachverhaltsinformation⟩ muß / müßte es sich um ein/e ⟨Tatbestandsmerkmal⟩ handeln.*

- *Es stellt sich also die Frage, ob es sich bei ⟨Sachverhaltsinformation⟩ um ⟨Tatbestandsmerkmal⟩ handelt / handeln kann.*

- *Ob nun / aber ⟨Sachverhaltsinformation⟩ ein/e ⟨Tatbestandsmerkmal⟩ darstellt, ist (durchaus) fraglich / zweifelhaft / problematisch / unklar / uneindeutig.*

- *⟨Anspruchsteller⟩ / ⟨Anspruchsgegner⟩ hat ⟨Sachverhaltsinformation⟩. Darin könnte ein/e ⟨Tatbestandsmerkmal⟩ liegen / zu sehen sein.*

- *⟨Sachverhaltsinformation⟩ könnte als ⟨Tatbestandsmerkmal⟩ anzusehen sein.*

und dann erst zur Definition kommen:

- *Dies ist der Fall / anzunehmen / zu bejahen, wenn ⟨Definition⟩.*

- *Dafür / Dann muß ...*

Diese Form der Darstellung hat den Vorteil der größeren Lebendigkeit und Fallnähe. Sie ist aber nicht ganz schulmäßig, da Sie eigentlich immer vom Gesetz ausgehen sollen.

Wieder ein praktisches Beispiel: Prüfen Sie, ob eine Schwebebahn unter die oben[13] wiedergegebene Definition der Eisenbahn zu fassen ist. Vergleichen Sie Ihr Ergebnis mit dem des Reichsgerichts[14]:

*(Es kommt hierbei darauf an, ob die Schwebebahn eine Eisenbahn im Sinne des HaftPflG ist.) ... Auf metallener Grundlage befördert die Schwebebahn erhebliche Gewichte über nicht ganz unbedeutende Entfernungen mit beträchtlicher Geschwindigkeit, wobei sie sich zur Herbeiführung der Transportbewegung der Naturkräfte bedient. Es kommen so verhältnismäßig gewaltige Wirkungen zustande, die je nach den Umständen nützen oder auch Gefahren für Leben und Gesundheit herbeiführen können (RGZ Bd. 1, S. 252). Daß sich die bewegten Fahrzeuge nicht, wie gewöhnlich, über der metallenen Grundlage befinden, sondern unterhalb der tragenden Schiene hängen, daß diese selbst nicht in gewöhnlicher Weise dem festen Boden aufliegt, sondern durch hohe Träger gestützt wird, begründet keinen begrifflichen Unterschied.*

---

13  S. 47.
14  RGZ 86, 94, 95 – hier umformuliert in den Gutachtenstil.

*(Die Schwebebahn erfüllt alle grundlegenden Eigenschaften des Eisenbahnbegriffs; sie ist daher eine Eisenbahn.)*

## C. Schlußfolgerung

Der Schlußsatz muß in jedem Fall in den Indikativ gesetzt werden, da es sich um eine Feststellung handelt.

Beliebte Einleitungen sind

- *Demnach / Danach / Folglich / Somit / Damit / Mithin / Sonach / Demzufolge / Also / Daher / Infolgedessen / Deswegen / Dadurch / Nach dem (soeben / oben / gerade) Gesagten / Ausgeführten / Dementsprechend / Aus diesem Grund / Aus diesen Gründen etc.*

Nach längeren Diskussionen:

- *Zusammenfassend / Im Ergebnis ist / bleibt festzuhalten / läßt sich daher festhalten / kann festgestellt werden, daß ...*

- *Damit ist im Ergebnis ...*

Achten Sie darauf, daß das Ergebnis mit der im zugehörigen Obersatz aufgeworfenen Frage korrespondiert. Antworten auf nicht gestellte Fragen wirken verwirrend, ebenso wie Fragen ohne Antwort.

Wenn man nur Obersatz und Untersatz hintereinander lesen kann und noch versteht, zu welchem Ergebnis Ihre Untersuchung an diesem Punkt kommt, ist es gut.

## 1. Ergebnis zu einem Tatbestandsmerkmal, Unter- oder Teilmerkmal

- *Demnach ist ⟨Tatbestandsmerkmal⟩ gegeben / erfüllt / zu bejahen / anzunehmen.*

- *Ein/e (Fall des / der) ⟨Tatbestandsmerkmal⟩ liegt folglich vor.*

- *Bei ⟨Sachverhaltsinformation⟩ handelt es sich also um ein/e ⟨Tatbestandsmerkmal⟩.*

- *Das ...-erfordernis / -prinzip ist damit gewahrt. / Dem Erfordernis der/s ... ist also genügt (worden) / Genüge getan.*

- *Daraus ergibt sich (, daß ...)*

- *... ist daher als ... anzusehen / zu qualifizieren / bewerten / einzustufen.*

- *Ein/e ... liegt in / Form / Gestalt des/r / mit ... vor.*

- *Der/Die ... stellt sich mithin als ... dar.*

- *Daher erübrigt sich ... (z.B. eine Prüfung ... )*

● *... ist folglich entbehrlich.*

Bei **Handlungen**:

● *Somit ist ⟨ Tatbestandsmerkmal Handlung⟩ erfolgt / hat ⟨ Tatbestandsmerkmal Handlung⟩ stattgefunden.*

Wird das Merkmal **verneint**:

● *Ein/e ... kann nicht angenommen / festgestellt werden / ist ausgeschlossen.*

● *Mangels / In Ermangelung einer/s / Wegen / Angesichts des/r fehlenden ... liegt hier kein ⟨ Tatbestandsmerkmal⟩ vor / ist ⟨ Tatbestandsmerkmal⟩ nicht gegeben.*

● *Für ⟨ Tatbestandsmerkmal⟩ fehlt es an ⟨ Teilmerkmal⟩.*

● *Für ... reicht ... nicht aus / genügt ... nicht.*

● *Ein/e ... scheidet damit aus.*

● *Von einem/r ⟨ Tatbestandsmerkmal⟩ kann nicht gesprochen werden.*

Nach einer längeren Abwägung von Argumenten:

● *Obwohl ⟨entgegenstehender Gesichtspunkt⟩, ist daher ⟨Merkmal⟩ zu bejahen / verneinen.*

Ist ein bestimmtes **Tatbestandsmerkmal nicht erforderlich**:

● *Die Einhaltung des/r ... ist also (ausnahmsweise) entbehrlich / nicht erforderlich.*

● *Einer/s ... bedarf es mithin nicht.*

● *Da aber ..., ist ... allein nicht relevant / kann ... nur am Rande / keine maßgebliche / entscheidende Bedeutung zukommen.*

● *Ein/e ⟨ Tatbestandsmerkmal⟩ kann entfallen / unterbleiben / ist nicht erforderlich / entbehrlich.*

Bei **Gegenrechten** – Einreden, Einwendungen

● *Demnach kann ⟨Anspruchsgegner⟩ dem Anspruch des ⟨Anspruchsteller⟩ die ⟨ Einrede, z. B. der Verjährung⟩ (nicht) entgegenhalten / entgegensetzen.*

● *Wegen ⟨Einrede⟩ ist der ⟨Anspruchsziel-⟩Anspruch des ⟨Anspruchsteller⟩ gehemmt / nicht durchsetzbar.*

● *⟨Anspruchsgegner⟩ kann sich danach (nicht) auf ... berufen.*

● *Ein Leistungsverweigerungsrecht / Zurückbehaltungsrecht (nach ⟨ Norm⟩) steht ⟨Anspruchsgegner⟩ also (nicht) zu.*

(Zwischen-)Ergebnisse sind um so eher erforderlich, je umfangreicher und kontroverser vorher diskutiert wurde. Ist dagegen die Prüfung knapp ausgefallen, kann man das eindeutige Ergebnis weglassen. Entscheiden Sie sich im Zweifel jedoch lieber für ein Zwischenergebnis.

## 2. Ergebnis zu einem Anspruch

Bei längeren Prüfungen kann das Ergebnis eingeleitet werden mit:

- *Die Voraussetzungen des ⟨Anspruchsgrundlage⟩ sind (alle / sämtlich) erfüllt / gegeben.*

Das eigentliche Ergebnis:

- *⟨Anspruchsteller⟩ hat daher (k)einen Anspruch auf ⟨Anspruchsziel⟩ aus / nach / gemäß ⟨Anspruchsgrundlage⟩ gegen ⟨Anspruchsgegner⟩.*

- *⟨Anspruchsteller⟩ kann also (nicht) von ⟨Anspruchsgegner⟩ ⟨Anspruchsziel⟩ aus ⟨Anspruchsgrundlage⟩ verlangen.*

- *⟨Anspruchsgegner⟩ ist dem ⟨Anspruchsteller⟩ mithin (nicht) nach ⟨Anspruchsgrundlage⟩ zu/r ⟨Anspruchsziel⟩ verpflichtet.*

- *⟨Anspruchsgegner⟩ muß dem ⟨Anspruchsteller⟩ folglich (nicht) ⟨Anspruchsgegenstand⟩ zahlen / leisten / herausgeben.*

- *⟨Anspruchsteller⟩ steht folglich ein Anspruch aus ⟨Anspruchsgrundlage⟩ zu.*

- *⟨Anspruchsteller⟩ verlangt / fordert / beansprucht deswegen zu Recht / zu Unrecht ⟨Anspruchsziel⟩ von ⟨Anspruchsgegner⟩.*

- *⟨Anspruchsgegner⟩ haftet dem ⟨Anspruchsteller⟩ für ⟨Anspruchsziel⟩ / muß gegenüber ⟨Anspruchsteller⟩ für ⟨Anspruchsziel⟩ einstehen.*

Wird der Anspruch **verneint**:

- *zunächst die verneinte Form der soeben genannten Beispiele.*

- *Der / Ein Anspruch des ⟨Anspruchsteller⟩ scheitert an / am ⟨verneintes Tatbestandsmerkmal⟩.*

- *Mangels ⟨verneintes Tatbestandsmerkmal⟩ entfällt der Anspruch aus ⟨Anspruchsgrundlage⟩*

- *Ein ...⟨z.B. Bereicherungs⟩ausgleich findet also nicht statt.*

- *Der von ⟨Anspruchsteller⟩ erhobene / geltend gemachte / behauptete Anspruch läßt sich nicht auf ⟨Anspruchsgrundlage⟩ stützen / ist nicht aus ⟨Anspruchsgrundlage⟩ gerechtfertigt.*

- *Für einen ...⟨z.B. deliktischen Anspruch⟩ des ⟨Anspruchsteller⟩ fehlt es an / am / an der ⟨verneintes Tatbestandsmerkmal⟩ / fehlt ⟨verneintes Tatbestandsmerkmal⟩ / sowohl an ... als auch an/am ...*

- *Eine Haftung des ⟨Anspruchsgegner⟩ nach ⟨Anspruchsgrundlage⟩ / den Normen über ... scheidet demnach aus.*

Wird der Anspruch **teilweise bejaht**;

- *Der von ⟨Anspruchsteller⟩ geltendgemachte / behauptete Anspruch ist also / etc. (in Höhe von ... ) begründet / besteht nur in Höhe von. ... /, soweit ...*

- *Der Anspruch des ⟨Anspruchsteller⟩ ist (in Höhe von DM ... / hinsichtlich / bezüglich des Gegenstands ... ) (aus ⟨Anspruchsgrundlage⟩) begründet / gerechtfertigt.*

Im letzten Fall sicherheitshalber noch einmal nachdenken, ob es nicht zweckmäßiger ist, die verschiedenen Posten getrennt zu prüfen.

Meist ist es sinnvoll, das Ergebnis einer Anspruchsprüfung durch eine **Überschrift** optisch hervorzuheben. Bei (Zwischen-)Ergebnissen zu einem Tatbestandsmerkmal genügt es insbesondere in der Klausur, diese durch eine **Leerzeile** vom vorherigen und nachfolgenden Text abzusetzen.

### D. Umformung des Gutachtenstils zum Urteilsstil

Der zweite Schritt nach dem Erlernen des Gutachtenstils ist dessen stückweise Umformung bis zum Urteilsstil. Viele Studenten tun diesen zweiten Schritt vor dem ersten. Wenn Sie also noch nicht sicher sind, den Gutachtenstil zu beherrschen, blättern Sie zurück.

In jeder Arbeit gibt es Stellen, die den Einsatz des klassischen Gutachtenstils verlangen. Es ist Teil der zu erbringenden Leistung, am richtigen Ort zu zeigen, daß man schulmäßig vorgehen kann, wenn es darauf ankommt.

Oft ist der Gutachtenstil aber weder erforderlich noch verlangt. Dann kann seine Verwendung durchaus zur Verärgerung des Lesers führen. Das liegt daran, daß der Gutachtenstil recht weitschweifig geraten kann, was den Verfasser Zeit und den Leser Geduld kostet – dies namentlich, wenn es sich um evident Unproblematisches handelt.

Exkurs: Was unproblematisch ist, läßt sich kaum allgemeingültig sagen.

Faustregel: Je alberner und übertriebener der Gutachtenstil klingt, desto eher ist er zu vermeiden.

Beispiel: Gewundene und umfängliche Subsumtion unter den Begriff »Sache« i.S.d. § 90 BGB bei der Prüfung von § 985 BGB oder »bewegliche Sache« bei § 929 BGB. Das ist nicht eigentlich falsch, aber anfängerhaft.

*Das KSchG ist auf den vorliegenden Fall anwendbar, wenn im Betrieb des D mehr als zehn Arbeitnehmer beschäftigt sind, § 23 I 2 KSchG. Bei D arbeiten acht Arbeiter und fünf Angestellte. Ob acht und fünf in der Summe mehr als zehn ergibt, ist nunmehr zu prüfen. . . . Im Ergebnis ist festzuhalten, daß § 23 I 2 KSchG der Anwendung des § 1 KSchG auf die gegenüber A ausgesprochene Kündigung nicht entgegensteht.*

Je mehr Informationen sich im Sachverhalt zu einem Problemkreis finden, desto eher erwartet der Fallsteller eine strukturierte inhaltliche Auseinandersetzung, also: Gutachtenstil!

Ab und zu kann man auch Problematisches kurz fassen. Wenn nämlich klar ist, daß es auf das Problem dem Ergebnis nach nicht ankommt, droht eine falsche oder wenigstens ungeschickte Schwerpunktsetzung. Beispiel: Besteht der begründete Verdacht, daß eine Willenserklärung wegen Formmangels nichtig sein könnte, ist aber ziemlich naheliegend, daß dieser Mangel durch den Vollzug des gewollten Vertrags geheilt ist, so müssen die einschlägigen Theorien und Argumente zur Formnichtigkeit nicht oder allenfalls kurz dargestellt werden:

- *Ob die Erklärung formnichtig im Sinne des ⟨ Norm ⟩ war, kann dahinstehen / offenbleiben / auf sich beruhen; jedenfalls ist ein solcher Mangel durch . . . geheilt, ⟨ Norm Abs. II / S. 2 ⟩.*

- *Unter ⟨ Gesichtspunkt / en ⟩ spricht einiges für die Nichtigkeit der Erklärung; da aber durch . . . eine Heilung dieses Fehlers eingetreten ist, kommt es darauf im einzelnen nicht mehr an.*

- *Wegen . . . kann die (umstrittene) Frage nach . . . hier unbeantwortet bleiben / offenbleiben.*

- *Der Frage nach . . . braucht / muß hier nicht weiter nachgegangen werden / Die Frage . . . kann hier auf sich beruhen, da . . .*

- *Auf . . . braucht hier nicht eingegangen zu werden, weil . . .*

Die stilistische Form soll dem Grad der Wichtigkeit entsprechen. Bringen Sie also möglichst schon durch Umfang und Formulierung zum Ausdruck, was Sie an dem Fall für problematisch erachten.

Während der schulmäßige Gutachtenstil den schwierigen und problematischen Fragen vorbehalten bleiben sollte, lassen sich weniger oder gar nicht zweifelhafte Punkte auch äußerlich durch die Verwendung »verschliffener« Formen des Gutachtenstils bis hin zum glatten Urteilsstil oder schlichtes Weglassen kenntlich machen.

Wenn Sie sich mit den nachstehenden Formulierungen vertraut machen, hat das zusätzlich den Vorteil, daß es Ihnen leichter fallen wird, mit den begrenzten Zeitvorräten in Klausuren und den Seitenbegrenzungen in Hausarbeiten zurechtzukommen. Sie können anhand der Fälle im 2. Teil, Kapitel 2[15] üben.

## 1. Verschliffene Formen des Gutachtenstils

Der langatmige Eindruck, den der komplette Dreischritt des schulmäßigen Gutachtenstils leicht erweckt, läßt sich durch einige kleine Modifikationen mildern. Außerdem wird der Leser nicht zu schnell mit schablonenhaft wirkenden Formulierungen, Sätzen und Absätzen gelangweilt.

### a) Zusammenfassen

Indem man Sätze zusammenzieht, lassen sich Absätze einsparen und der Leser wird zügig von einem Prüfungspunkt zum anderen geführt.

Aus

- *A kann gegen B einen Anspruch auf Übereignung und Übergabe des Automobils haben. Voraussetzung hierfür ist nach § 433 II BGB das Vorliegen eines wirksamen Kaufvertrags.*

wird

- *Voraussetzung für einen Anspruch des A gegen B auf Übereignung des Autos ist nach § 433 II BGB das Vorliegen eines wirksamen Kaufvertrags.*

- *Für einen Anspruch aus ⟨Norm⟩ bedarf es zunächst einer/s ⟨Tatbestandsmerkmals⟩.*

- *Ein ⟨Anspruch⟩ setzt voraus, daß ⟨Tatbestandsmerkmal⟩.*

(x11–x12)

Das ist eine verbreitete Technik. Oft genügt aber auch schon ein Semikolon oder ein Doppelpunkt zwischen den ansonsten unveränderten Ausgangssätzen, um den Lesefluß optisch zu beschleunigen.

- *Liegt also ein ⟨Tatbestandsmerkmal⟩ vor, so kommt es nunmehr darauf an / ist zu prüfen / ist zweifelhaft, ob ⟨nächstes Tatbestandsmerkmal⟩ gegeben ist.*

- *Ist danach ⟨Sachverhaltsinformation⟩ ein/e ⟨Tatbestandsmerkmal⟩, darf kein ⟨negative Voraussetzung⟩ gegeben sein.*

(123–221)

- *Der / Die hierfür erforderliche ⟨Tatbestandsmerkmal⟩ ist anzunehmen, wenn / falls / soweit / sofern ⟨Definition⟩.*

(x21–x22)

- *Der / Die erforderliche ⟨Tatbestandsmerkmal⟩ liegt mit / in Gestalt / Form von*

---

15  S. 14 ff.

⟨*Sachverhaltsinformation*⟩ *vor* / *ist in* ⟨Sachverhaltsinformation⟩ *zu sehen* / *erblicken.*

(x21–x23)

- *Ein solcher Anspruch ist gegeben, wenn* ⟨*Tatbestandsmerkmal(e)*⟩ / *setzt zunächst voraus, daß* ⟨*Tatbestandsmerkmal*⟩.

- *Das* ⟨*Anspruchsziel-*⟩*Begehren des* ⟨*Anspruchsteller*⟩ *ist nach* ⟨*Anspruchsgrundlage*⟩ *begründet, wenn* ⟨*Voraussetzung(en)*⟩.

(x12–x21)

- *Ob ein* ⟨*Tatbestandsmerkmal*⟩ *vorliegt, hängt davon ab, daß* / *ob ein/e* ⟨*Teilmerkmal*⟩ *gegeben ist.*

(x21–131)

- *Ob darüber hinaus dem* ⟨*Anspruchsteller*⟩ *ein Anspruch aus* ⟨*Anspruchsgrundlage*⟩ *zusteht, hängt von* ⟨*Voraussetzung(en)*⟩ *ab.*

(211–212)

- *Für den von* ⟨*Anspruchsteller*⟩ *geltend gemachten* ⟨*Anspruchsziel*⟩*Anspruch* / *Um einen … bejahen zu können,* / *Damit* ⟨*Anspruchsteller*⟩ *einen … -Anspruch geltend machen kann, kommt es zunächst darauf an, ob* / *daß* ⟨*1. Tatbestandsmerkmal*⟩.

(111–121)

Die Feststellung eines unproblematischen Merkmals kann man in Gestalt einer Apposition in die Prüfung des nächsten Merkmals mit einbeziehen.

- *Die Erfüllung des Kaufvertrags – eines gegenseitigen Vertrags im Sinne der §§ 320 ff. – muß unmöglich geworden sein.*

- *Die – durch Zerstörung des verkauften Fahrrads gegebene – Unmöglichkeit muß nachträglich eingetreten sein.*

- ⟨*Täter*⟩ *muß das Buch, eine für ihn fremde bewegliche Sache, weggenommen haben.*

(22z–321)

In kleineren Fällen ist oft nur ein Merkmal problematisch; man kann dann die **Ergebnisse zusammenziehen**, da der Leser bereits gemerkt hat, daß sich mit der Entscheidung über die einzige Streitfrage der ganze Fall entscheidet.

- *Ein* ⟨*Untermerkmal*⟩ *liegt also vor, so daß* ⟨*Teilmerkmal*⟩ *gegeben ist; der Tatbestand des/r* ⟨*Anspruchsgrundlage ist daher erfüllt.*

(x43/x33/x23)

## b) Weglassen

Der Obersatz zur Prüfung (xy2) ist teils entbehrlich.

- *Dies ist zu prüfen* u. ä.

Daß die Prüfung beginnt, ergibt sich daraus, daß das erste Merkmal definiert wird.

Bei gängigen Normen kann auch einmal die Bildung des Obersatzes entfallen, besonders wenn nur die Norm umschrieben werden müßte. So kann man etwa bei der Prüfung des § 929 S. 1 BGB darauf verzichten, die Voraussetzungen »Einigung und Übergabe« zu nennen; man stellt dann fest, daß beide vorliegen und sagt im (Zwischen-)Ergebnis, daß § 929 S. 1 BGB erfüllt ist.

Überhaupt können Sie Selbstverständliches weglassen. Das fällt nicht nur Anfängern erfahrungsgemäß schwer: Meist hält man nach kurzer Zeit Vollständigkeit und Gründlichkeit für juristische Tugenden; außerdem verleiten die überall erhältlichen Prüfungs- und Aufbauschemata zur Abarbeitung »Punkt für Punkt«. Es gibt insoweit natürlich keine allgemeintauglichen Regeln; versuchen Sie, sich in den Leser zu versetzen.

Beispiele: umfangreiche Prüfung der Sachqualität eines Automobils / Prüfung des Merkmals »Mensch« oder seitenlange Ausführungen zur Zulässigkeit der Klage (in zivilrechtlichen Arbeiten meist nicht gefragt oder allenfalls knapp abzuhandeln).

Letzten Endes ist es aber eine Frage der Konvention, was als selbstverständlich anzusehen ist. Man lernt, mit dem Risiko zu leben, diese Frage falsch einzuschätzen.

## c) Konzentrieren

Manchmal ist es sinnvoll, eine Reihe unproblematischer Tatbestandsmerkmale in einem Satz oder einem halben abzuhaken und dann sofort auf das einzig diskussionswürdige Merkmal zu sprechen zu kommen.

- *Die Voraussetzungen des/r ⟨Anspruchsgrundlage⟩ sind erfüllt / hat ⟨z. B. Anspruchsgegner⟩ erfüllt, indem er … Fraglich / Problematisch ist allenfalls / allein / lediglich / einzig / ausschließlich / nur, ob …*

- *Gründe / Anhaltspunkte für ein/e/n (eventuelle/s/n) … sind nicht ersichtlich / erkennbar.*

- *… scheitert bereits an … Im übrigen / Jedenfalls / Abgesehen / Unabhängig davon fehlt es an/m … / würde der Anspruch auch an … scheitern.*

- *Zwar … , aber …*

- *Sowohl ist … als auch hat …*

- *Weder wurde … noch besteht … . Ebenso / Auch ist kein …*

- *Für ein/e … ist nichts ersichtlich / fehlt es an Anhaltspunkten / Hinweisen.*

- *Fraglich ist in erster Linie, ob … Zweifelhaft ist dies, weil …*

- *Da ⟨erstes unproblematisches Merkmal⟩ und ⟨zweites unproblematisches Merkmal⟩, ist der Anspruch begründet, wenn / sofern ⟨problematisches Merkmal⟩.*

- *Während ⟨unproblematisches Merkmal⟩ erfüllt ist, kann ⟨problematisches Merkmal⟩ nicht ohne weiteres angenommen werden.*

Will man es etwas ausführlicher halten, könnte das so aussehen:

- *Der / Die / das hierzu erforderliche / notwendige ⟨erstes unproblematisches Merkmal⟩ wäre in … zu sehen / erblicken. Als ⟨zweites unproblematisches Merkmal⟩ käme … in Frage / Betracht. Das von ⟨Norm⟩ verlangte ⟨drittes unproblematisches Merkmal⟩ läge dann in … . Jedoch ist … nicht ohne weiteres ein/e ⟨problematisches Merkmal⟩. Im Gegenteil wird regelmäßig angenommen, … könne wegen … kein ⟨problematisches Merkmal⟩ sein. … / Für … ist die Eigenschaft als ⟨problematisches Merkmal⟩ kaum / schwerlich anzunehmen.*

Wenn das erste Merkmal ein bißchen problematisch, das nächste oder übernächste aber ziemlich klar zu verneinen ist, kann man so vorgehen:

- *Selbst wenn man die … -eigenschaft des/r annähme / annehmen wollte ⟨ggf. Fußnote: Dagegen mit beachtlichen Einwänden … ⟩, scheitert … an …*

- *Zweifelhaft ist bereits … . Jedenfalls kann aber ⟨Sachverhaltsinformation⟩ nicht unter ⟨Tatbestandsmerkmal⟩ gefaßt werden.*

## 2. Urteilsstil

Um Ihnen ein Beispiel für den reinen Urteilsstil zu geben, hier ein Auszug aus einer Urteilsbegründung[16]:

*… Daß dieses Verhalten die Tatbestandsmerkmale des § 823 I BGB erfüllt, ist offensichtlich und bedarf deshalb keiner weiteren Begründung. Dieses Verhalten war auch eindeutig rechtswidrig; ein rechtfertigender Grund stand dem Beklagten nicht zur Seite. … Es ist auch zweifelsfrei, daß der Beklagte damit vorsätzlich den Kläger in seiner Gesundheit verletzt hat. Dabei kann es … wiederum keinem Zweifel unterliegen, daß auch die hier eingetretenen Verletzungsfolgen, nämlich zwei abgebrochene Zähne, von diesem Vorsatz umfaßt waren. Denn auch für einen 13jährigen Schüler ist es offensichtlich, daß er damit rechnen muß und zumindest billigend in Kauf nimmt, daß zumindest Teile eines oder mehrerer Zähne abbrechen können, wenn er einen anderen mit dem Gesicht in der Weise, wie es der Beklagte getan hat, gegen eine Straßenlaterne schlägt. Schließlich bestehen an der Schuldfähigkeit des Beklagten auch unter dem Gesichtspunkt des § 828 II keine Zweifel.*

---

16  OLG Koblenz, NJW-RR 1996, 1307, 1308 – sprachlich nicht gerade abwechslungsreich, aber stilistisch charakteristisch.

*Es ist weder vorgetragen, noch sind irgendwelche Anhaltspunkte dafür ersichtlich, daß dem Beklagten bei der Begehung seiner unerlaubten Handlung am 25. 5. 1992 die zur Erkenntnis seiner Verantwortung erforderliche Einsicht gefehlt hätte.*

Wenn Sie selbst im Urteilsstil schreiben wollen, kann das so aussehen:

- *Ein Anspruch aus ⟨Anspruchsgrundlage⟩ steht ⟨Anspruchsteller⟩ gegen ⟨Anspruchsgegner⟩ nicht zu. ⟨Anspruchsgegner⟩ hat bei der Beschädigung des Automobils nicht schuldhaft gehandelt. Er hat … nicht außer Acht gelassen. . . .*

knapper

- *Ein Anspruch aus ⟨Anspruchsgrundlage⟩ scheitert bereits am / an der fehlenden (z.B. Verschulden des B). Für ein/e/n (z.B. Fahrlässigkeitsvorwurf) fehlt es an Anhaltspunkten / Hinweisen.*

- *Wegen ⟨Norm⟩ kommt es auf ⟨Umstand⟩ nicht an.*

Zumindest in Anfängerarbeiten ist dieser reine Urteilsstil riskant; es geht in diesen Übungen meist in erster Linie darum zu zeigen, daß man den Gutachtenstil beherrscht. Üben Sie also etwas Zurückhaltung. Man kann den Urteilsstil außerdem ein wenig kaschieren, ohne daß der Text sehr viel länger wird.

- *Ein Anspruch aus § 823 I BGB ist zu verneinen, da keine Rechtsgutsverletzung ersichtlich ist.*

wird dann zu:

- *Ein Anspruch aus § 823 I BGB ist im / mit Blick auf die fehlende Rechtsgutsverletzung zu verneinen.*

oder

- *Angesichts / Wegen der fehlenden Rechtsgutsverletzung kommt ein Anspruch aus § 823 I BGB nicht in Betracht.*

Im letzten Beispiel kommt die Begründung immer noch vor dem Ergebnis, wenn sie auch sehr knapp ausfällt.

Noch ein Beispiel: lieber

- *Indem er die schriftliche Bestellung selbst unterschrieb, hat A eine eigene Willenserklärung abgegeben.*

als

- *A hat eine eigene Willenserklärung abgegeben, indem er die schriftliche Bestellung selbst unterschrieb.*

Allgemein formuliert sieht dieser kaschierte Urteilsstil so aus:

- *Wegen ⟨Grund⟩ gilt ⟨Ergebnis⟩.*

64

Manchmal kann man das *da* durch ein *nachdem* ersetzen – und gleich fällt der Urteilsstil nicht mehr so ins Auge.

Wenn Sie absichtlich das Ergebnis vor der Begründung nennen, können Sie das optisch ein bißchen entschärfen, indem Sie zwischen beide Teile einen Doppelpunkt setzen.

- ⟨ *Tatbestandsmerkmal* ⟩ *liegt vor:* ⟨ *1. Teilmerkmal* ⟩ *ist gegeben,* ⟨ *2. Teilmerkmal* ⟩ *ist gegeben.*

Es kann leicht passieren, daß der Leser hinsichtlich der Verwendung des ungeschönten Urteilsstils anderer Meinung ist als der Bearbeiter; deswegen sollten Sie die Worte

*da, weil, denn, nämlich etc.*

am besten überhaupt nicht verwenden. Das heißt nicht, daß Sie auf kausale Nebensätze ganz verzichten müßten. Bei der Wiedergabe einer tatsächlichen Information etwa sind sie natürlich unbedenklich.

*A brach die Verhandlungen ab, weil er mit dem von B geforderten Preis nicht einverstanden war.*

Im logischen Ableitungszusammenhang des Gutachtens sind sie aber systemfremd.

Will man – meist unnötigerweise – weiteres, für die Entscheidung nicht erforderliches Problemwissen präsentieren oder zeigen, daß man den Anspruchsaufbau im übrigen verstanden hat, kann (!) man fortfahren:

- *Auf die Frage, ob ... / nach dem/der ... kommt es daher nicht an.*

- *Einer Entscheidung bedarf es nicht, wenn ...*

- *Eine (nähere) Prüfung des/r* ⟨ *problematisches Merkmal* ⟩ *erübrigt sich daher /, da ...*

- *Eine Abgrenzung des/r ... zum/r ... / eine vertragstypologische Einordnung der Vereinbarung ... erübrigt sich an dieser Stelle / hier, da* ⟨ *Norm* ⟩ *auf beide/s anwendbar ist.*

- *Ob ..., kann daher dahingestellt / offen / unentschieden / unbeantwortet bleiben / dahinstehen / auf sich beruhen / ist somit ohne Belang / für ... unschädlich. Nicht: Es kann dahinstehenbleiben, ob ...*

- *Unabhängig von ... / Gleichgültig, ob ..., ist jedenfalls ...*

Nähere Ausführungen sind dann aber unangebracht; allenfalls ist eine Fußnote zulässig, in der das angelesene und durch zwischenzeitlich erfolgte Änderung des Entscheidungsweges ergebnisirrelevant gewordene Wissen nach Art eines »Fußnotengrabs« (*H. M.:* ... 〈 *Lit.; Rspr.*〉; *a. A.:* ... 〈 *Lit., Rspr.*〉; *interessante Ansätze neuerdings bei* ... ) präsentiert wird. Führen Sie aber keine inhaltlichen Auseinandersetzungen in Fußnoten!

Diese Technik des Offenlassens läßt sich an gerichtlichen Urteilen gut studieren.

Im konkreten Fall nicht entscheidungsbedürftige Fragen kann man auch mit *Jedenfalls*, bei zeitlichen Abfolgen mit *Spätestens mit / durch* offenlassen.

Anlaß zum Mißtrauen besteht für den Korrektor immer, wenn nach der verneinenden Aussage noch eine Menge Text zur Begründung kommt. In diesen Fällen liegen die Dinge eben doch nicht so klar; vermeiden Sie dann lieber den krassen Urteilsstil.

## 3. Weitere Möglichkeiten der Straffung

Die sprachliche Straffung Ihres Textes ist nicht an sich erstrebenswert, kann aber schon wegen der Seitenbegrenzungen in Hausarbeiten und der begrenzten Bearbeitungszeit in Klausuren sehr wichtig werden.

a) Unter Außerachtlassen der logisch gebotenen Reihenfolge können Sie sogleich zum problematischen Merkmal kommen. Dieses Vorgehen bietet sich nur an, wenn man den Anspruch im Ergebnis verneinen will, da sonst alle anderen Voraussetzungen später doch zu prüfen sind.

b) Verweise: Manchmal kann man auf anderswo im Gutachten (aber nur: oben) Gesagtes nicht nur direkt, sondern auch sinngemäß Bezug nehmen. Es besteht allerdings die Gefahr, daß der Leser mit der Transferleistung überfordert ist. Schreiben Sie in diesen Fällen im Zweifel einen Satz mehr zur Erklärung des »mutatis mutandis«[17].

## E. Standardsituationen

Im folgenden findet sich eine Reihe von Formulierungen, die in ausgewählten – in Übungsarbeiten regelmäßig auftauchenden – »Standardsituationen« von Nutzen sein könnten. Wiederum: Verbessern und ergänzen Sie sie!

## 1. Entscheidung von Streitfragen und problematischen Fragen – Der »Meinungsstreit«

Oft werden Probleme erst dadurch zu Problemen, daß sie umstritten sind. Die Punkte, an denen Sie sich in Hausarbeit oder Klausur am ehesten aufhalten (sollen), sind diejenigen, über die Streit herrscht oder wenigstens geherrscht hat.

---

17 Zu Verweisen unten S. 132 f.

Vorsicht:   Der übliche Ablauf juristischen Lernens bringt es mit sich, daß Sie »beliebte« umstrittene Probleme und Streitstände im Kopf haben und einigermaßen leicht reproduzieren können. Dadurch kommen Sie schnell in Versuchung, diese in Klausur und Hausarbeit »abzuspulen«, auch wenn sie gerade nicht gefragt sind. Widerstehen Sie!

Vorsicht:   Nicht jede Aufgabe gibt Anlaß, auf Streitfragen einzugehen. Die Schwierigkeit einer Arbeit kann auch im Umfang oder in einer ungewöhnlichen Einkleidung geläufiger Probleme liegen. Oder sie besteht in einem unbekannten Rechtsproblem, zu dem es noch keine divergierenden Literaturmeinungen gibt. Es gibt also entgegen einer verbreiteten Meinung keinen Anlaß zur Panik, wenn Sie in Ihrer Arbeit »den Meinungsstreit« nicht finden.

Zum **Sprachgebrauch**: Man bezeichnet den Gegenstand dieser Bemerkungen mit *Streit / Kontroverse / Auseinandersetzung / Problem(atik)*, weniger schön mit *Meinungsstreit / Theorienstreit*[18]. Bilden Sie für letztere einmal den Plural und vergessen Sie diesen sofort wieder.

Bei der Darstellung und Entscheidung von Streitfragen ist es nicht erforderlich, sich sklavisch an die oben skizzierte **Terminologie** des Gutachtenstils zu halten – im Gegenteil: das wirkt oft unbeholfen bis hölzern:

- *Zu prüfen ist, ob der Abgrenzungs-, der Eingrenzungs- oder der Ausgrenzungstheorie zu folgen ist. Für die Ausgrenzungstheorie könnte sprechen, daß ... . Das wäre der Fall, wenn ... . Im Ergebnis ist festzuhalten, daß die Ausgrenzungstheorie die meiste Zustimmung verdient. Ihr ist daher zu folgen.*

Gelungener sind Wendungen wie

- *Es ist zu entscheiden, welches Kriterium für die Abgrenzung von ... und ... Verwendung finden soll. Für die herrschende Ansicht, die auf ... abstellt, spricht jedenfalls ...*

Gerade bei umfangreicheren Ausführungen zu Streitfragen empfiehlt es sich aber, den Leser an die Hand zu nehmen, indem man immer einmal wieder beiläufig erwähnt, auf welches Ziel hin eigentlich die Diskussion geführt wird.

### a) Darstellung
Die hier gewählte Reihenfolge ist nicht zwingend, aber oft zweckmäßig.

Die **Präsentation** einer streitigen Frage kann auf unterschiedliche Art erfolgen. Überlegen Sie zunächst, wieviel Raum Sie darauf verwenden wollen und können. Wenn Sie es kurz machen wollen oder müssen:

---

18 Übrigens handelt es sich meist nicht um Theorien im wissenschaftstheoretischen Sinne, sondern um Rechtsauffassungen (was man gelegentlich durch Wendungen wie *Die als ... theorie bezeichnete Auffassung kommt zu dem Ergebnis, daß ...* andeuten kann).

- *Ob ... ist, ist zweifelhaft / fraglich. Zwar ⟨Argument(e) pro⟩, aber ⟨Argument(e) contra⟩. Daher wird ... als ... zu behandeln sein.*

Unabhängig vom Umfang verläuft die Darstellung von Streitfragen fast immer nach dem Schema *Einerseits ... – Andererseits ... – Im Ergebnis ...* . Im Strafrecht etwa sieht das typischerweise so aus: *Die rein objektive Theorie stellt auf ... ab. ... Der rein subjektiven Theorie zufolge ...* . *Zustimmung verdient die heute ganz herrschende gemischt-objektiv-subjektive / modifizierte ⟨was-auch-immer-⟩ Theorie, die die Vorzüge der beiden vorgenannten Ansätze vereint und ihre jeweiligen Schwächen weitgehend ausgleicht. Danach ist ...*

Zum **Aufbau**: Am übersichtlichsten ist die Darstellung bei mäßigem Umfang, wenn sie erst das **Problem kennzeichnen**, dann den **Streitstand umreißen** und zuletzt **mit eigenen Argumenten** eine **Entscheidung treffen**. Die nachstehende Sammlung orientiert sich an dieser Reihenfolge. Sie hat aber den Nachteil, daß man am Ende selbst Argumente auffahren muß. Das fällt oft schwer, da die meisten Streitfragen abgegrast und »eigene« neue Argumente nicht verfügbar sind, wenn man sie gerade braucht. Es ist völlig in Ordnung, wenn Sie Ihre eigene Position bereits mit der Darstellung anderer Ansichten zusammen entwickeln. Zumindest ist es ehrlicher. Auf keinen Fall sollten Sie fremde Argumente als eigene ausgeben.

Dem Raster *Argumente pro – Argumente contra – begründete Entscheidung für eine der Ansichten* sollten Sie um so weniger folgen, je umfangreicher die Kontroverse ist, die Sie nachvollziehen wollen. Bei seitenlangen Ausführungen ist es überzeugender und stellt eine eigenständige Leistung dar, nach einzelnen argumentativen Schwerpunkten zu unterscheiden. Ein solches Vorgehen erlaubt es Ihnen, auch ein mehrfaches Hin und Her von Argumenten und Gegenargumenten im Zusammenhang darzustellen.

**aa)** *Einleitung*

Zunächst ist die diskutierte **Frage** möglichst klar zu formulieren. Das erleichtert es dem Leser zu verstehen, warum die folgenden seitenlangen Erörterungen nötig sind; es erleichtert es aber auch Ihnen, sich während der Bearbeitung auf das Problematische zu konzentrieren: Je genauer die Frage formuliert ist, desto einfacher ist es, zwischen Antworten und zufälligen Wortanhäufungen zu unterscheiden. Wer sich mit dem »Herauspräparieren« oder »Isolieren« des Problems mehr Mühe gibt, wird seine Ausführungen schlanker und sachnäher halten können – zumeist lohnt sich das.

Sodann sollten Sie gedanklich feststellen: Ist die Frage problematisch, umstritten oder (wie so oft) beides?

Gibt es noch wenige oder keine Stimmen zu einer Frage, die Ihnen aber **problematisch** erscheint, können Sie so einleiten:

- *Wie die Frage nach ... zu beantworten ist, ist unsicher. / Die Beantwortung der Frage nach ... bedarf näherer Überlegung.*

- *... ist nicht gesetzlich geregelt. ...*

Sie fahren dann nicht mit der Aufzählung verschiedener Stimmen aus Literatur und Rechtsprechung fort, sondern skizzieren mögliche Herangehensweisen an das Problem und deren Ergebnisse:

- *Man könnte meinen / erwarten / davon ausgehen, daß ... Dann wäre ... Daraus ergäbe sich ...*

- *Weiter ist zu erwägen / erscheint erwägenswert / bedenkenswert, ob ...*

- *Man kann auch zu ⟨Ergebnis⟩ kommen, wenn man ... als entscheidend betrachtet / in den Mittelpunkt stellt / maßgebliche / zentrale Bedeutung zuspricht.*

- *Mit ... könnte/n ... gemeint sein. Dies legt jedenfalls die allgemeinsprachliche Verwendung / Bedeutung des Begriffs nahe.*

In aller Regel ist aber, was **problematisch** ist, auch **umstritten**. In diesen Fällen leiten Sie die Darstellung wie folgt ein:

- *Die Frage nach / Der ... -charakter des/r ... ist (heftig / seit langem / seit Neuestem) umstritten / wird unterschiedlich / verschieden / uneinheitlich beantwortet / ist (jüngst) unterschiedlich beantwortet / kontrovers diskutiert worden (bei ausgetragenen Streitfragen). Während die Literatur (überwiegend / mehrheitlich / größtenteils) / die Mehrzahl / Mehrheit / überwiegende Zahl der in der Literatur vertretenen Stimmen der Auffassung zuneigt, ... , steht / stellt(e) sich die Rechtsprechung / der Großteil der Rechtsprechung auf dem / den Standpunkt, ...*

- *Über ... herrscht Streit.*

- *Zur Problematik des/r ... hat sich ein ganzes Spektrum unterschiedlicher Meinungen gebildet / werden zwei konträre / zahlreiche in den Einzelheiten (erheblich / sehr stark / deutlich / hochgradig) divergierende Ansichten vertreten, die sich jedoch, soweit die vorliegend interessierende Abgrenzung zwischen ... und ... betroffen ist, zu drei »Lagern« / Gruppen zusammenfassen lassen.*

- *Hinsichtlich der Frage, ob / wie ... zu behandeln ist / sei, haben sich zwei / drei / hundert Ansichten / Meinungen gebildet / werden in der Literatur zwei Theorien / Modelle / Ansätze angeboten / vertreten.*

- *Unter welchen Voraussetzungen / Bedingungen / Umständen ... , wird (in Rechtsprechung und Lehre) nicht ganz einheitlich / uneinheitlich gesehen / beurteilt / beantwortet.*

- *Unbestritten ist aber (nunmehr / inzwischen) ...*

Ist die Frage **umstritten, aber im konkreten Fall nicht problematisch**, bekommen Sie sie am besten durch kurzes Andeuten des Problems und anschließendes Offenlassen[19] der Entscheidung in den Griff.

● *Auf die umstrittene Frage nach der ... -eigenschaft des/r ... ⟨Fußnote mit Belegstellen⟩ kommt es hier wegen ... nicht an.*

Format können Sie auch beweisen, indem Sie die Diskussion ganz weglassen. Wenigstens andeuten sollten Sie Ihre Kenntnisse vom Streitstand, wenn der Sachverhalt beispielsweise durch Rechtsansichten der Parteien auf das Problem ausdrücklich hinweist.

**bb)  *Darstellung des Streitstands – Argumente wiedergeben***
Man kann einen Streitstand auf verschiedene Weise wiedergeben; hier die gängigsten Darstellungsarten:

— Modell 1: eine Meinung – andere Meinung – eigene Meinung (»konventionelle Darstellung«)

— Modell 2: Argumente der ursprünglich herrschenden Meinung – Gegenargumente der anderen Ansicht(en) – Gegenargumente der ursprünglichen Meinung – neue Argumente – neue Gegenargumente – usw. bis zur Gegenwart – eigene Ansicht (»historische Darstellung«)

— Modell 3: Darstellung der verschiedenen Streitpunkte – Argumente zum ersten Topos pro und contra – Argumente zum zweiten Topos pro und contra – usw. – eigene Ansicht (»problemorientierte Darstellung«)

Welche Art der Darstellung man wählt, hängt zum einen davon ab, welche am besten auf die zu entscheidend Frage »paßt«, zum anderen vom zur Verfügung stehenden Raum: Kurz fassen kann man sich am ehesten mit der »konventionellen Methode«. Manchmal, aber nicht immer ist es sinnvoll, Rechtsprechung und Lehre einander gegenüberzustellen.

Brauchen Sie für eine Theorie einen Namen (etwa um ihn in der Überschrift zu verwenden), sollten Sie nicht *Die Meinung von ⟨Autor⟩,* sondern *Die ⟨Irgendwas-⟩ theorie* schreiben, um dem Leser eine Orientierung über die Argumente in der Sache zu ermöglichen.

Die Einleitung zur Darstellung des Streitstands kann den quantitativen Gesichtspunkt in den Vordergrund stellen:

● *Häufigste / Gebräuchlichste / Gängige Begründung, Herrschende Meinung etc.*

oder den qualitativen:

● *Wesentliches / Wichtigstes Argument / Entscheidender / Zentraler Gesichtspunkt etc.,*

---

19 Dazu S. 65.

wobei die Gegenüberstellung »Masse / Klasse« schon wieder zu Wertungszwecken eingesetzt werden kann, etwa wenn man sich der besser begründbaren Minderheitsansicht anschließen will.

Im einfachsten Fall gibt es **zwei Meinungen:**

● *In der Frage der/s ... stehen sich zwei Ansichten gegenüber.*

● *Eine Ansicht / Meinung / Auffassung will ... als ... behandeln / ... unter (den Begriff des/r) ... fassen / ziehen / subsumieren / verstehen.*

● *⟨Ansicht⟩ beschränkt ... auf ...*

● *Nach nahezu / beinahe / fast einhelliger / einheitlicher / unwidersprochener Meinung ...*

● *Vom Standpunkt der Vertreter der ... -theorie aus ...*

● *Im Gegensatz dazu stellt die Lehre vom/n ... auf ... ab.*

● *Die / Eine andere Ansicht / Die Gegenmeinung / Die gegenteilige Ansicht / geht von folgender Erwägung / Überlegung / Grundlage aus: ...*

● *Die Gegenmeinung beanstandet / moniert / wendet ein / entgegnet, ...*

● *Dagegen / Demgegenüber wird eingewandt / behauptet / geltendgemacht, daß ... (indirekte Rede – Konjunktiv!).*

● *Rechtsprechung (und (Teile der) Literatur) stehen demgegenüber auf dem Standpunkt, ...*

● *Die Gegenmeinung stellt auf ... ab / arbeitet / operiert mit dem (sogenannten) ... -begriff, demzufolge ...*

● *Die Gegenansicht legt an ... strenge Maßstäbe an / knüpft die Annahme einer/s an enge / enggefaßte Voraussetzungen / läßt für ... ausreichen / genügen.*

● *Die Kritiker dieses Ansatzes wollen die Unterscheidung zwischen ... und ... einsetzen / verwenden, um ...*

● *Diese Auffassung ist auf Kritik / Widerspruch / (starken) Widerstand gestoßen.*

● *Einerseits wird / wurde hierzu die Ansicht vertreten, daß ... Andererseits ...*

● *Während es nach ⟨Ansicht 1⟩ auf ⟨Kriterium 1⟩ ankommen soll, ist nach ⟨Ansicht 2⟩ ⟨Kriterium 2⟩ maßgeblich.*

Oft tritt eine dritte, meist **vermittelnde Meinung** hinzu:

● *Eine vermittelnde Meinung will ...*

● *Dem wird von einer dritten Ansicht vorgeworfen / entgegengehalten / vorgehalten, ...*

- *Anknüpfend an die / Ausgehend von der … -theorie stellt eine weitere Ansicht darauf ab, ob …*

- *Eine jüngere Ansicht schlägt … vor / verwendet einen streng an … orientierten … -begriff.*

- *Daneben tritt noch eine dritte Meinung, die …*

- *Eine modifizierte Bestimmung des … -begriffs schlägt ⟨Autor⟩ vor / hat ⟨Autor⟩ vorgeschlagen.*

- *Eine dritte Position geht davon aus, daß …*

Teils gibt es auch **zahlreiche Ansichten**. Dann kann und sollte man, gerade wenn es Dutzende sind, sie zu Gruppen zusammenfassen.

- *Manche (Autoren) wollen mit z. T. unterschiedlichen Argumenten den Anwendungsbereich des/r ⟨Norm(en)⟩ auf … ausdehnen / erweitern.*

- *Ein großer / bedeutender / gewichtiger / zunehmender etc. Teil der Lehre / Literatur nimmt an / geht davon aus, daß …*

- *Zum gleichen Ergebnis kommen die / zahlreiche / etliche / die meisten Vertreter der … -theorie, die …*

- *Letztgenannter / Erstgenannter Ansatz … läßt … genügen / ausreichen. Dagegen verlangt … das Vorliegen einer/s …*

- *⟨Autor⟩ will auf … abstellen.*

- *Dies wird heute nur noch von ⟨Autor⟩ / nicht mehr vertreten.*

- *Es findet sich (noch vereinzelt / gelegentlich) die Ansicht, …*

- *Dabei wird allerdings teilweise / stellenweise die Einschränkung gemacht / vorgeschlagen, …*

- *Zum Teil wird vertreten / vorgetragen, …*

- *Gelegentlich heißt es (auch), …*

- *⟨Autor⟩ versucht, das / dieses Problem durch Abstellen auf ⟨Kriterium⟩ zu lösen / zu umgehen.*

- *Eine andere Wertung findet sich bei ⟨Autor⟩, der / die auf … abstellt.*

- *⟨Autor⟩ geht von einer anderen Unterscheidung / Einteilung aus: …*

- *Zur / Zu dessen Begründung wird meist / oft / regelmäßig / häufig / immer wieder / üblicherweise / im allgemeinen / gewöhnlich / gemeinhin das … -prinzip / der Grundsatz des/r … herangezogen.*

- *Die gängigen Begründungen rekurrieren auf …*

- *Hierfür beruft sich ⟨Autor⟩ auf …*

- *Zur Begründung zieht ⟨Autor⟩ … heran.*

- *Man kann sich auch auf den Standpunkt stellen / auf dem Standpunkt stehen, …*

- *Eine Minderheitsmeinung innerhalb der … -lehre charakterisiert / beschreibt / definiert … als …*

- *Die / Eine enge / restriktive / weite / extensive / exzessive / erweiternde / großzügigere Auslegung des … -begriffs wird in der Literatur unter Hinweis auf … gefordert / abgelehnt.*

- *Der / Das ⟨Gericht⟩ ist dieser Auffassung in seinem Urteil vom ⟨Datum⟩ ⟨Fundstelle in Fußnote⟩ (nicht) gefolgt / entgegengetreten / hat sich … (nicht) angeschlossen.*

- *Von einem … Standpunkt aus …*

- *Teils wird befürwortet, … . Auf der gleichen Linie liegt …*

- *Im Schrifttum wird darüber hinaus erörtert / diskutiert / erwogen, ob … / vorgeschlagen, … . zu …*

- *Ein Teil der Literatur deutet / versteht / interpretiert … als … / will … als … deuten / verstehen / interpretieren / auffassen / verstanden wissen.*

- *⟨Autor⟩ sieht nur diejenigen Fälle als tatbestandlich im Sinne des ⟨Norm⟩ an, in denen …*

- *Folgerichtig / Konsequent verlangt ⟨Ansicht⟩ für ⟨Tatbestandsmerkmal⟩ ⟨Voraussetzung⟩.*

- *Die Gegner dieses Ansatzes vertreten …*

- *Einer weiteren Ansicht zufolge ist … als … einzustufen / zu beurteilen / bezeichnen / behandeln.*

- *Übereinstimmung besteht jedoch insoweit, als … . Zu entscheiden ist daher nur zwischen … und …*

Fremde Ansichten referiert man vorzugsweise in indirekter Rede – jedenfalls wenn man der dargestellten Meinung nicht folgen will.

Problem: Soll man **Ansichten, die heute niemand mehr vertritt**, darstellen und diskutieren oder eher nicht? Darauf gibt es wie fast immer keine eindeutige Antwort. Tendenziell sollten Sie sich knapp fassen, vielleicht auch diese Ansicht ganz weglassen; meist hat es gute Gründe, daß die betreffende Meinung von der Rechtsprechung oder im Schrifttum fallengelassen wurde. Ein Kriterium ist vielleicht, seit wievielen Jahrzehnten niemand mehr so argumentiert hat.

Etwas anderes gilt naheliegenderweise, wenn Sie sich eben dieser Meinung anschließen wollen.

Kann ein vollständiger Meinungsstreit als ausgestanden gelten, so wird er am besten nur noch kurz »angerissen« oder ganz weggelassen. Die Probleme des Falles liegen dann anderswo.

## Belege

benötigen Sie natürlich nur in Hausarbeiten. Fußnoten in der Klausur führen zur Abwertung.

Setzen Sie keinesfalls die Fußnote hinter den Satz, in dem subsumiert wird.

- *Bei der Aussage des V, der Wagen sei unfallfrei, handelt es sich also um eine zugesicherte Eigenschaft i. S. des § 459 I BGB* ⟨ *Fn: Palandt-Bearbeiter, Rn. 3 zu § 459* ⟩.

Über den konkreten Fall sagt in Rechtsprechung und Literatur niemand etwas.

Die Angabe des **Mehrheitsstatus** einer Ansicht hat als solche keinen argumentativen Wert; sie kann allenfalls anzeigen, daß Sie es für erforderlich halten, diejenige Ansicht am ausführlichsten zu widerlegen, die von den meisten Menschen geteilt wird. Wenn Sie also eine Meinung als »herrschend« kennzeichnen wollen, achten Sie auf folgendes:

— *nach unwidersprochener Ansicht* darf nicht mit einer Fußnote *a. A. allerdings ...* belegt werden

— eine *allgemeine / allgemein anerkannte Ansicht* kennt ebenfalls keine oder maximal ein bis zwei am besten veraltete Gegenstimmen. In der Fußnote kann man schreiben *stellvertretend nur / z. B. / für viele / zuletzt ...* ⟨*jüngste Stimme*⟩, ⟨*frühester Vertreter*⟩; *dagegen soweit erkennbar nur* ⟨ *Autor* ⟩.

— eine *herrschende Meinung* muß auch in der Quantität der Nachweise (üblicherweise Literatur und Rechtsprechung) erkennbar werden; ein einzelner Nachweis genügt nicht, besonders wenn Sie die Gegenansicht mit zehn Belegen dokumentieren

— Die *(wohl) überwiegende Ansicht* verlangt nach Aussagen zu den anderen Meinungen; diese sollten nicht nur in der Fußnote erwähnt, sondern im Text einer – wenn auch nur kurzen – Widerlegung gewürdigt werden; gleiches gilt für die *herrschende Meinung* – sonst wäre es eine *allgemeine Meinung*

— bei quantitativem Gleichgewicht: *Eine (verbreitete / vielfach vertretene) Meinung ... Die Gegenmeinung ...* oder *Nach der ersten hierzu vertretenen Ansicht ... Eine andere Ansicht ... Die dritte Position ...*

Manche Autoren neigen dazu, ihre eigene Ansicht recht großzügig als herrschend zu bezeichnen. Übernehmen Sie solche Behauptungen nicht einfach ungeprüft – im Zweifel läßt man die Angabe zum Mehrheitsstatus wegen ihres begrenzten Informationswerts weg.

Zeitliche Entwicklungen kann man kenntlich machen mit

*Nach inzwischen / derzeit / heute / gegenwärtig / bis vor kurzem / neuerdings* etc.
*herrschender Ansicht / gefestigter / ständiger Rechtsprechung / Einer im Vordringen begriffenen Theorie zufolge* usw.

Oft haben Sie zahlreiche **Belegstellen** zur Verfügung. Übertreiben Sie dann nicht mit deren Anzahl in den Fußnoten.

– **Rechtsprechung**: Zitieren Sie möglichst die früheste(n) Entscheidung(en), die bekannteste(n) und die neueste(n); achten Sie dabei auf Zugänglichkeit der zitierten Quelle, dies jedenfalls, wenn die gleiche Entscheidung an mehreren Orten veröffentlicht ist. Vorrang haben dann die am leichtesten zugängliche Fundstelle und diejenige, an der die Entscheidung vollständig abgedruckt ist; meist zieht man zuerst die jeweilige amtliche Sammlung (im Arbeitsrecht aber eher die AP als BAGE) und die NJW heran, dann die fachspezifischen Zeitschriften und Entscheidungssammlungen.

– **Literatur**: Beachten Sie möglichst die zeitliche Folge; in der Fußnote können Sie vielleicht nach Lehrbüchern, Kommentaren, Monographien / Aufsätzen ordnen. Unglaubhaft ist es übrigens, wenn Sie zu Nebenproblemen mehrere Monographien, vorzugsweise Habilitationsschriften, zitieren: Daß Sie die in der Kürze der Zeit gelesen und verstanden haben, nimmt Ihnen der Korrektor nicht immer ab.

Vorsicht mit **Blindzitaten**! Öfter als man glauben sollte, zitieren die Verfasser von Lehrbüchern, Kommentaren, Aufsätzen etc. falsch. Manchmal sind es nur Druckfehler. Jedenfalls ist es unerfreulich, wenn Sie das auch tun. Prüfen Sie also die Richtigkeit von Verweisen, die Sie von anderen übernehmen. Bedenken Sie dabei: In der Regel hat der Korrektor nur Zeit und Muße für Stichproben. Wenn bei einer Stichprobe aber drei von sieben Fußnoten falsche Belege enthalten, wird er sich mit hoher Wahrscheinlichkeit etwas mehr Zeit nehmen, um Ihre Arbeit näher zu betrachten.

– Ein typischer Hinweis auf blind übernommene Zitate sind übrigens uneinheitliche Zitierweisen von Fußnote zu Fußnote (beispielsweise ständig abwechselnd *MüKo, MünchKomm* und *MK* für den *Münchener Kommentar zum BGB, Rn., Rz., Rdnr., Rd.Nr., Rdn, RN., Ziff.* für *Randnummer* etc.). Vereinheitlichen Sie also mit einem internen Abkürzungsverzeichnis oder unter Angabe der Zitierweise im Literaturverzeichnis Ihre Zitate. Dabei hilft der PC mit »Suchen und Ersetzen« oder »AutoKorrektur«.

– Ziemlich dilettantisch wirkt das mehrmalige Zitieren derselben Entscheidung nach verschiedenen Fundstellen (etwa wechselweise nach BGHZ, NJW und BB) innerhalb derselben Fußnote oder in aufeinanderfolgenden Fußnoten. Der Leser bekommt unweigerlich den Eindruck, Sie hätten sich nicht die Mühe gemacht festzustellen, ob es sich dabei um eine Rechtsprechungskette oder nur eine einzige, aber mehrfach veröffentlichte Entscheidung handelt. Der Abgleich ist zwar auf Dauer mühsam, läßt sich aber bei Verwendung der Konkordanztabellen in den Registern der Fachzeitschriften beschleunigen.

**Dichte der Belege**: Deutlich weniger als drei pro Seite (im Schnitt, wohlgemerkt) wirken etwas dürftig, deutlich mehr als fünf pro Seite angeberisch. Wenn sämtliche Fußnoten nur je eine Fundstelle enthalten, sieht das nicht nach gründlicher Arbeitsweise aus.

### b)  Vorläufige Anwendung auf den Fall

#### aa)  *Ergebnisrelevanz?*
Ein Streit bedarf nur der Darstellung und Entscheidung, wenn die verschiedenen Ansichten in dem von Ihnen zu bearbeitenden Fall zu unterschiedlichen Ergebnissen führen. Die vorläufige Anwendung auf den Fall wird häufig übersehen, ist aber eminent wichtig. Seitenlange Ausführungen zu Kontroversen, von denen sich am Ende herausstellt, daß hinsichtlich des zu begutachtenden Falls alle einer Meinung sind, bringen Ihnen keine Punkte. Im Gegenteil: Sie sind ein Anlaß zur Abwertung.

- *Nach dieser Ansicht / Danach käme / kommt vorliegend ⟨Möglichkeit 1⟩ in Betracht.*

- *In Anwendung auf den Fall / ⟨Anspruchsteller/-gegner⟩ bedeutet dies, daß ⟨Möglichkeit 2⟩.*

- *Der/Die ... wäre danach (ohne weiteres) ein/e ⟨Möglichkeit 3⟩.*

- *Folgt man der letztgenannten Ansicht / der Rechtsprechung, (so) ...*

- *Bei Zugrundelegung des ersten Abgrenzungskriteriums ...*

- *Die Anwendung der ... -hypothese / ... -theorie etc. führt zu/r/m ...*

- *Das würde bedeuten / dazu führen, daß ...*

- *Nimmt man ... an, so ist diesem Ansatz zufolge ...*

- *Hält man ⟨Kriterium⟩ für maßgeblich / Verlangt man dagegen mit der ... -ansicht ... , so ...*

- *Zum gleichen Ergebnis kommt die ... -theorie / man bei Anwendung des ... -kriteriums.*

- *Auch die ... -ansicht führt hier nicht zu anderen / abweichenden Resultaten: ...*

- *Mit der ... -formel des ⟨Gerichts⟩ gelangt man zum selben / gleichen Ergebnis.*

- *Da ... , kommt die ... -theorie in Fällen / Fallkonstellationen wie dem / der vorliegenden zum gleichen Resultat.*

- *Nichts anderes ergibt sich aus ... /, legt man ... zugrunde / stellt man auf ... ab.*

Dabei ist es sinnvoll, auch sprachlich zu verdeutlichen, daß es sich noch nicht um endgültige Ergebnisse handelt.

Anschließend sollte, schon zur Selbstkontrolle, etwas folgen wie:

- *Da die dargestellten Meinungen im vorliegenden Fall zu verschiedenen Ergebnissen gelangen, ist der Streit zu entscheiden / bedarf die Kontroverse einer Stellungnahme / Entscheidung.*

- *Für ... kommt es demnach darauf an, ob der ... oder der ... zu folgen ist.*

- *Das Ergebnis zu/r ... / Die Entscheidung des/r ... hängt also davon ab, welcher der genannten / dargestellten / beschriebenen Ansichten zu folgen ist / man folgt / man sich anschließt.*

- *Bei Zugrundelegung des ... -kriteriums ist also ... zu verneinen, während anderenfalls ...*

- *Da ..., kommen die genannten Auffassungen zu unterschiedlichen Ergebnissen.*

In Fortgeschrittenenarbeiten und im Examen kann allerdings die dauernde mechanische Wiederholung des Satzes *Die zum Problem vertretenen Ansichten kommen zu verschiedenen Ergebnissen, so daß der Streit zu entscheiden ist* etwas ermüdend wirken. Gerade bei kleineren Problemen sollte man daher ohne Ankündigung in die Diskussion einsteigen und dem Leser die beschriebene Einsicht selbst überlassen.

Wenn Sie an dieser Stelle zu der überraschenden Erkenntnis kommen, daß alle einschlägigen Theorien in Ihrem Fall zum gleichen Ergebnis führen, können und müssen Sie sich die Darstellung und Diskussion weitgehend sparen. Das ist hart, wenn Sie zwei Wochen daran gearbeitet haben, aber das Leben ist nun mal so. Außerdem lernt man am besten aus Fehlern.

### bb) *Fallbezug wiederherstellen*
Nach längerer Darstellung von Streitständen: Fallbezug wiederherstellen mit

- *Der/Die ... hängt also von ... ab.*

- *Ob nun ... (als ... anzusehen) ist, bestimmt sich nach ...*

- *Damit ist / erweist sich die Beantwortung der Frage nach ... als vorgreiflich für die ... -eigenschaft des ...*

Vorsicht: Mit Formulierungen wie

- *Für den vorliegenden Fall bedeutet das, daß ...*

machen Sie den Leser unnötigerweise darauf aufmerksam, daß Sie sich länger vom konkreten Fall verabschiedet hatten.

Ganz nützlich sind hier gelegentliche Parenthesen (Klammern oder Gedankenstriche), die auf das im konkreten Fall einschlägige Merkmal verweisen. Zum Beispiel:

- *Nach der Ansicht der Rechtsprechung kann der Geschädigte – hier: A – vom Schädiger – hier: B – nur unter der einschränkenden Voraussetzung unmittelbar Ersatz verlangen, daß ...*

- *Das Verhalten des T – das Unterlassen der Sicherung der Baustelle – müßte ihm zudem nach einer wertenden Betrachtung zurechenbar sein.*

## c) Eigene Stellungnahme

Sprechen Sie selbst hier nicht in der ersten Person Singular. Stellen Sie »Ihren« Standpunkt so dar, als sei er zwingend, also nicht nur für Sie, sondern für jeden richtig und überzeugend. Im übrigen nimmt es Ihnen niemand übel, wenn Sie irgendeiner vertretbaren (lies: vertretenen) Ansicht folgen. Da Sie dem Anspruch nach wissenschaftlich arbeiten, kommt es nicht darauf an, ob Ihre Meinung herrschend ist, sondern nur darauf, ob sie überzeugend begründet ist. Sicherheitshalber: Je weniger die Meinung vertreten wird, desto besser und erforderlichenfalls umfangreicher sollten Sie sie begründen – das heißt: in Zeitnot besonders in Klausuren vielleicht lieber der hM folgen.

Um Mißverständnissen vorzubeugen: Sie müssen keine wirklich eigene Position entwickeln. Das ist im zeitlichen Rahmen einer Übungsarbeit meist gar nicht zu leisten – es wäre vielleicht ein bißchen viel verlangt, wenn Sie den Äußerungen von Professoren und Praktikern, die sich teils sehr lange mit dem Problem befaßt haben, spontan noch eine bislang nicht gedachte Position hinzufügen müßten. Trotzdem soll ihr Text erkennen lassen, daß Sie sich eine eigene Meinung gebildet haben. Das heißt, Sie müssen darlegen, warum Ihnen die eine oder andere angebotene Ansicht überzeugender erscheint.

Ob die Überschrift, die man jedenfalls bei längerer Diskussion setzen sollte, wirklich *Eigene Meinung* heißen muß, ist zweifelhaft. Am ehesten noch schlicht und einfach *Stellungnahme* oder *Fazit*.

## aa) *Argumente aufarbeiten*

Nachdem nun etliche Argumente auf den Leser einwirken, muß man diesen ein wenig an die Hand nehmen, damit er nicht zu selbständig an das Problem herangeht und möglicherweise zu einem abweichenden Ergebnis kommt. Zumindest muß ihm nachvollziehbar werden, wie Sie zu Ihrem Ergebnis gelangt sind.

## – 1 – Ausklammern von Argumenten

Ganz typisch für juristische Argumentationen ist die Trennung zwischen Argumenten, die zur Sache gehören und deshalb berücksichtigt werden, und solchen, die man aus irgendeinem Grund als sachfremd von vornherein ausklammern kann. In Übungsarbeiten stellt dies insbesondere dann einen wichtigen Teil der von

Ihnen zu erbringenden Leistung dar, wenn im Sachverhalt bereits Rechtsmeinungen der Beteiligten wiedergegeben werden oder einzelne Argumente sich nach der Konstruktion des Falles geradezu aufdrängen.

- *Keine Rolle kann / darf es spielen, daß ... (warum?)*

- *Unberücksichtigt / Außer Betracht / Ansatz muß der Einwand / der Hinweis auf ... bleiben, ... (warum?)*

- *Unbeachtlich ist ... (warum?)*

- *Das Argument der Gegenmeinung, ... , geht fehl / ist unzutreffend. (warum?)*

- *Kein nennenswertes Gewicht / Kein/e oder allenfalls geringes Gewicht / marginale Bedeutung kann / darf dem Umstand / Einwand zukommen / wird man dem Einwand zuzumessen haben, daß ... (warum?)*

- *⟨Argument⟩ ist daher nicht in die Betrachtung / Erörterung / Abwägung / weiteren Überlegungen / Prüfung des/r ... miteinzubeziehen / einzustellen.*

- *Auf ... kann es nicht ankommen. Damit entfällt der gewichtigste Einwand gegen ... Letztendlich verbleibt nur noch das auf ... gestützte Argument. Zur Begründung ... kann dies angesichts des erheblichen Gewichts insbesondere des dargestellten ... -arguments nicht ausreichen. Im Ergebnis wird man also ... zustimmen (müssen), zumal allein diese eine angemessene Entscheidung / Lösung von ... ermöglicht.*

Leicht nachvollziehbar – und damit voraussichtlich überzeugend – ist das Herauswerfen solcher Argumente aus dem Kreis der maßgeblichen Erwägungen, die gar keine richtigen Argumente sind.

Ein **Argument** sieht ungefähr so aus:

**Behauptung – Begründung – Beleg**.

Die beliebte kommentarlose Bezugnahme auf die herrschende Meinung beispielsweise ist danach kein Argument: Zwischen Behauptung und Beleg fehlt die Begründung.

Für die Argumentation sehr günstig ist es, wenn man den Vertretern der abgelehnten Meinung ganz offensichtliche Fehler vorwerfen kann:

- *⟨Gegenansicht⟩ beschränkt sich hier auf reine / schlichte / einfache Behauptungen, ohne diese (näher / auch nur ansatzweise) zu begründen. Eine Widerlegung ist daher weder möglich noch nötig.*

- *Für ⟨Behauptung⟩ fehlt es jedoch an einem / jeglichem Beleg. Der Ansatz bleibt somit (recht / etwas) spekulativ / ist nicht / nur schwer nachvollziehbar.*

Mit derart schwerem Geschütz ist aber Zurückhaltung geboten; unberechtigte Vorwürfe fallen leicht auf den Autor zurück.

- *Mit dem Verweis auf ... läßt sich ⟨Ansatz⟩ nicht belegen / begründen / Sofern sich ⟨Autor⟩ auf ⟨Autor / Ansatz⟩ beruft, liegt dem ein Mißverständnis ... zugrunde: ⟨Ansatz⟩ war für ⟨Fälle wie den vorliegenden⟩ nicht gedacht; vielmehr sollte/n damit ... erklärt / bewältigt werden. Von ⟨vorliegendem Fall⟩ unterscheiden sich diese schon insofern erheblich / wesentlich, als ...*

- *Ob sich ⟨Autor⟩ für ⟨Behauptung⟩ auf ⟨Quelle⟩ berufen kann, muß bezweifelt werden. ...*

### – 2 –   Abwerten von Argumenten

Hat man einen Teil der vorgebrachten Argumente als unmaßgeblich ausgeschieden, kann man einige der verbleibenden als zwar zur Sache gehörend, aber wenig überzeugend kennzeichnen.

- *Sofern / Soweit / Wenn hiergegen eingewandt / geltendgemacht / vorgebracht wird, kann dies schon deswegen / insoweit nicht (recht / ganz) überzeugen, weil / als ...*

- *Was ⟨Argument⟩ betrifft / anbelangt / angeht, so verfehlt dieser Einwand (schon deswegen) das in Frage stehende Problem, weil ...*

- *Dieses Argument verliert indes(sen) dadurch (erheblich / deutlich / sehr stark / spürbar / merklich) an Durchschlagskraft / Überzeugungskraft, daß ...*

- *Auch die Berufung / das Abstellen auf ... führt / hilft (hier) nicht weiter / verfehlt das Problem / geht ins Leere / erlangt im vorliegenden Fall keine Bedeutung: ...*

- *Zwar ist der ... -ansicht zuzugeben, daß ... Jedoch ist allein mit ... noch nichts gewonnen. Wirklich problematisch sind nicht ⟨Fälle⟩, sondern ⟨Fälle⟩.*

- *Nicht tragfähig ist / als wenig tragfähig erweist sich bei näherer Betrachtung ... Das erhellt bereits / ergibt sich / folgt bereits aus ...*

- *⟨Kriterium⟩ erlaubt / ermöglicht keine klare / eindeutige / definitive / nachvollziehbare Abgrenzung / Bestimmung des ... -inhalts / Beurteilung des/r ...*

- *Bei näherem Hinsehen / genauerer Betrachtung erweist sich ⟨Argument⟩ als wenig / nicht stichhaltig: ... ; ⟨Argument⟩ sticht nicht: ...*

- *Die Bedeutung / das Gewicht dieses Einwands ist allerdings insofern zweifelhaft / fraglich, als ... Auch die Vertreter der ... müssen einräumen, daß ...*

Vermeiden Sie bei alledem aber **herablassende, arrogante und altkluge Formen der Kritik** oder Zustimmung:

- *Dieser Ansatz führt zu schier unerträglichen Ergebnissen.*

- *Gänzlich verfehlt / abwegig ist es, mit der hM auf ... abzustellen.*

- *Richtig ist an der Auffassung Medicus' nur, daß ...*

- *Das BVerfG wird sich diese Einsicht zu Herzen nehmen müssen.*

● *Der BGH geht insoweit in nicht zu beanstandender Weise vor.*

So unverständlich oder falsch Ihnen manchmal höchstrichterliche Entscheidungen erscheinen mögen, so sehr verdienen sie doch eine sachliche Form der Auseinandersetzung. Bedenken Sie: Die Menschen, die diese Entscheidungen treffen, tun dies hauptamtlich, sie sind juristisch sehr gut qualifiziert. Das verbürgt nicht die Richtigkeit des Ergebnisses, aber zumindest dessen professionell solide Herstellung. Also: Bleiben Sie bei aller Kritik im Ton korrekt.

Manche Äußerungen im Schrifttum sind derart offensichtlich interessegeleitet, daß die Versuchung groß ist, die eigene Meinung unverblümt zu sagen. Lassen Sie es bleiben. Ein wenig mehr Subtilität kann nicht schaden, ist oft sogar wirkungsvoller.

Jedenfalls ist es ein Gebot der Klugheit und der Höflichkeit, die eigene Kritik auf die Sache zu beschränken und die Person des Kritisierten draußen zu lassen. Schließlich erwartet man Gleiches auch bei der Korrektur der eigenen Arbeit.

Kurz: Bleiben Sie sachlich!

● *Der Ansicht des BGH kann aus den dargestellten / genannten Gründen nicht gefolgt werden / ... ist ... nicht zu folgen. Zustimmung verdient dagegen der Ansatz des OLG Düsseldorf ...*

● *Dieser Ansatz kann jedoch nicht überzeugen / überzeugt / verfängt nicht / vermag nicht zu überzeugen.*

Man kann vielleicht in einer Fußnote darauf aufmerksam machen, daß an einer anderen Meinung etwas nicht in Ordnung ist:

● *Bedenklich / Schwer nachvollziehbar / Fragwürdig / Ohne nähere Begründung BAGE 22, 554, 557 ... u. ä.*

## – 3 – »Umdrehen« von Argumenten
Manchmal bietet es sich an, ein Argument der Gegenseite für den eigenen Standpunkt zu reklamieren; das kann im Einzelfall sehr überzeugend wirken:

● *Gerade bei / wegen / etc. ...*

● *Soweit ... auf ... abstellt, kann dies das Ergebnis nicht tragen. Im Gegenteil ... Eben / Genau / Insbesondere ... ist es, der/die/das ...*

● *Bei näherem Hinsehen / genauerer Betrachtung / Überlegung spricht ⟨Argument⟩ vielmehr für ...*

## – 4 – Zugestehen von Argumenten
Den Eindruck von Ausgewogenheit und Objektivität kann man verstärken, indem man starke Argumente der abgelehnten Ansicht zugesteht.

● *Der Gegenmeinung ist zuzugestehen / zuzugeben / zu konzedieren / einzuräumen, daß ...*

● *Nicht zu bestreiten / von der Hand zu weisen ist ...*

Will man ein kleines Argument der abgelehnten Ansicht als stichhaltig einräumen, aber im gleichen Satz ein großes Argument für die eigene Ansicht auffahren, so bieten sich an:

● *Wenn auch / Auch wenn / Obwohl / Obschon / Obgleich ⟨Gegenargument⟩ kaum zu widerlegen ist, ist doch ⟨eigenes Argument⟩ gewichtiger.*

● *⟨Zugestandenes Argument⟩. Trotzdem / Dessenungeachtet / Gleichwohl ...*

● *Selbst / Sogar / Auch wenn man ... , so bleibt doch ...*

● *Mag bei ... noch einiges dafür sprechen, ... , so ist in den Fällen der/s kaum noch ein Grund ersichtlich, ...*

● *Dieser Einwand ist zwar an sich plausibel / nachvollziehbar, betrifft jedoch Fälle der vorliegenden Art (gerade) nicht.*

● *⟨Teilaussage⟩ ist zwar richtig / korrekt / stichhaltig. Damit ist jedoch für ⟨Problem⟩ noch nichts / wenig gewonnen. oder: Hinter ... muß ⟨Umstand / Tatsache⟩ in seiner / ihrer Bedeutung jedoch zurücktreten. oder: Das ändert jedoch nichts an ...*

● *⟨Umstand⟩ allein rechtfertigt es noch nicht, von ... abzuweichen / abzugehen.*

### – 5 – Bewerten / Einordnen von Argumenten

Die Mehrzahl aller gegen die eigene Ansicht sprechenden Argumente ist von solcher Qualität und Sachnähe, daß man sie nicht für unmaßgeblich erklären kann; sie sind aber meist noch angreifbar genug, daß man sie auch nicht diskussionslos zugestehen muß. Also muß man sie kritisieren. Dafür gibt es mehrere Ansatzpunkte: die *(unausgesprochenen) Voraussetzungen / Prämissen / Thesen / Unterstellungen,* die *(unmittelbaren / mittelbaren) Folgen / Konsequenzen / Ergebnisse* und – gewissermaßen die Qualität der Argumentation selbst – *der Schluß ist nicht zwingend / überzeugend / nachvollziehbar, ein Zusammenhang zwischen ... und ... ist nicht ersichtlich* etc.

### Voraussetzungen

● *Die Vertreter / Anhänger der ... theorie verkennen die zentrale Bedeutung, die dem ... -prinzip in unserer (Zivil-)Rechtsordnung zukommt.*

● *⟨Ansicht⟩ beruht / basiert / fußt auf ⟨Annahme⟩. ⟨Annahme⟩ ist mit ... nicht verträglich / zu vereinbaren / in Übereinstimmung / Einklang zu bringen / ... steht nicht in Einklang mit ... .*

● *⟨Annahme⟩ / ⟨Ergebnis⟩ steht im Widerspruch zu ... / verträgt sich nicht mit ...*

● *... geht von einem falschen / untauglichen / nicht einschlägigen Ausgangspunkt / Ansatz aus.*

● *Empirisch betrachtet ist ⟨Annahme⟩ äußerst zweifelhaft / schlichtweg falsch / ganz unhaltbar.* Je massiver ein solcher Angriff und je schärfer dessen Ton ausfällt, desto unbezweifelbarer muß die dann folgende Begründung – einschließlich der dafür angeführten Belege – sein.

- *Diesem Ansatz liegt (unausgesprochen / uneingestanden) die durchaus angreifbare Auffassung zugrunde, ...*

### Folgen

- *Dies / Das läuft darauf hinaus, ... / führt zu ... / zieht ... nach sich / bringt ... mit sich / zwingt zu ...*

- *Ein solches Vorgehen führt zu ... / hat ... zur Konsequenz.*

- *Nur bei / durch Abstellen auf ... läßt sich ... sachgerecht / systemkonform entscheiden.*

- *Mit dem Ansatz der h. M. lassen sich jedoch ⟨Probleme⟩ nicht angemessen lösen / ist ... nicht (überzeugend) erklärbar.*

- *Bei wirtschaftlicher Betrachtungsweise bedarf dieses Ergebnis jedoch einer Korrektur.*

- *Damit ist das Folgeproblem ... aufgeworfen. Im Schrifttum wird dazu ausgeführt, ...*

- *Das führt (aber) zu Schwierigkeiten / Unstimmigkeiten bei ...⟨z. B. der Abgrenzung von ... und ... ⟩ / bringt Schwierigkeiten bei ... mit sich.*

- *... bevorzugt einseitig / berücksichtigt nicht (hinreichend) die Interessen des/r ... / trägt den Interessen des/r nicht Rechnung etc.*

- *Dadurch wird das Risiko / die Gefahr / werden die Folgen einer/s ... dem ... auferlegt / aufgebürdet / zugewiesen / fällt / fallen ... zu Last. Die Gefahr des/r hat dann ausschließlich ... zu tragen.*

- *Allerdings wird ⟨Ergebnis einer Ansicht⟩ kaum / nicht ohne weiteres mit ...⟨z. B. Erfordernissen / dem Postulat der Rechtssicherheit⟩ zu vereinbaren sein.*

- *Dagegen entspricht ⟨Ergebnis⟩ der Anforderung / dem Prinzip / Erfordernis / ... steht ... in Übereinstimmung mit ...*

- *Denkt man aber diesen Ansatz (konsequent / folgerichtig) weiter / zu Ende, so ⟨katastrophale Folge⟩.*

- *Auf⟨vergleichbaren Fall⟩ angewandt, muß dieses Kriterium zu ⟨unerwünschten Ergebnissen⟩ führen.*

- *⟨Ergebnis⟩ würde ⟨Prinzip / Erfordernis / anerkannte Aussage⟩ zuwiderlaufen /widersprechen / in Frage stellen / läuft zuwider / verletzt / ist mit ... nicht in Übereinstimmung zu bringen.*

## Argumentation selbst

- *Die ... -ansicht / verkennt / übersieht / berücksichtigt / beachtet nicht hinreichend / ausreichend / genügend / hinlänglich ... Darüber hinaus leidet sie daran, daß ... / unter einem (inneren) Widerspruch: ...*

- *Es wird jedoch nicht recht deutlich, warum / aus welchen Gründen ⟨Annahme⟩ Anlaß geben soll, ⟨Behauptung⟩ anzunehmen.*

- *Eine solche Argumentation unterläuft / umgeht ⟨Zweck der Regelung⟩ / ⟨Prinzip⟩.*

- *⟨Argument⟩ verstößt gegen / verletzt das Prinzip / Gebot / Postulat des/r ... / läßt ... außer Acht / steht nicht in Übereinstimmung mit ...*

- *Stellenweise ist die Begründung (in sich) widersprüchlich / unstimmig: (Die Berufung auf) ⟨Argument 1⟩ schließt (die gleichzeitige Berufung / den Verweis auf) ⟨Argument 2⟩ aus.*

- *⟨Argument⟩ / Die ... -konstruktion wirkt / ist lebensfremd / unnatürlich / gekünstelt / lebensfern. Vorsicht: Welche juristische Konstruktion ist schon lebensnah?*

- *Ein solches Vorgehen ist jedoch insofern bedenklich / problematisch / muß aber insofern auf Bedenken / Einwände treffen / stoßen, als ...*

- *⟨Kriterium⟩ erzwingt bei ... (eine) unnötig gekünstelte Konstruktion(en).*

- *Der Vergleich mit ... / Der Verweis auf ... ist unzulässig / irreführend / vordergründig.*

- *Die Gegenmeinung setzt sich nicht mit ⟨Argument⟩ auseinander / legt eine Gleichsetzung von ... und ... zugrunde / vereinfacht / verkürzt unzulässig das Problem: ...*

- *Das von ... vorgeschlagene Kriterium ist unklar / unscharf / undeutlich / führt bei der praktischen Anwendung zu Unsicherheiten: Wann ein/e ... vorliegen soll, läßt sich anhand der Frage nach ... nicht mit der nötigen Eindeutigkeit nicht bestimmen.*

- *Die Gegenansicht muß (ohne Not) eine Ausnahme vom ... -Erfordernis /-Grundsatz / -Prinzip machen / stellt die Geltung des ... -prinzips in Frage, was bei Zugrundelegung des ... -kriteriums vermeidbar wäre.*

Nun noch einige Wendungen, die nicht in dieses Raster passen.

## Argumente **für die eigene Meinung**:

- *Dies(e Ansicht) läßt sich auch auf ... stützen / kann auch auf ... gestützt werden / findet eine zusätzliche / weitere Bestätigung / Stütze in ...*

- *Für ... streitet / spricht ⟨z.B. gesetzliche Vermutung, Erfahrungstatsache etc.⟩.*

- *Das ... -argument läßt sich zusätzlich mit ... untermauern / stützen.*

● *Mit ... wird zudem ... ⟨z.B. Erfordernissen der Rechtssicherheit⟩ hinlänglich Rechnung getragen / Genüge getan.*

● *Dies müssen auch die Vertreter der ... -ansicht zugestehen / Auch die Vertreter der ... -ansicht sehen sich veranlaßt / gezwungen / genötigt, ... zuzugestehen / einzuräumen.*

● *Den Einwänden / Bedenken der Gegenansicht kann Rechnung getragen werden / Die Einwände können entkräftet / entschärft werden, indem / wenn ...*

● *Die(se) Bedenken / Einwände lassen sich ausräumen / entkräften / greifen nicht durch / sind nicht überzeugend / durchgreifend: ... Letztendlich verbleibt für die / zugunsten der ... -ansicht nur noch ...*

● *Nur auf diesem Wege läßt sich ... erreichen / lassen sich ... berücksichtigen / kann dem Umstand Rechnung getragen werden, daß ...*

● *Der dagegen erhobene auf ... gestützte Einwand / Vorwurf des/der ... greift nicht durch, ...*

● *Spätestens bei ... müssen die Vertreter der ... -theorie Inkonsistenzen / Widersprüche / Einschränkungen / Ausnahmen in Kauf nehmen. Stellt man dagegen konsequent auf das ... -kriterium ab, lassen sich diese ohne weiteres vermeiden. Gerade hier liegt einer der hauptsächlichen dogmatischen Vorteile der ... -theorie.*

● *Im Mittelpunkt / Zentrum der Kritik steht dabei ⟨Gesichtspunkt⟩. Gerade dieser hat im vorliegenden Fall keine Bedeutung.*

● *An ⟨Standpunkt⟩ ist daher trotz teilweise einsichtiger Gegenargumente / Einwände (aus ⟨Gründen⟩) festzuhalten.*

● *Wie sich aus ⟨Norm⟩ ergibt / ableiten / entnehmen läßt, ... / Wegen der Regelung in ⟨Norm⟩ muß ...*

● *Schon ⟨Argument⟩ deutet / weist darauf hin / legt nahe, daß ...*

Argumente **gegen die Gegenmeinung**:

● *Indessen erweckt diese Konstruktion ... Bedenken.*

● *Hiergegen ist indessen einzuwenden, daß ...*

● *Zu bedenken ist allerdings / jedoch / aber ...*

● *Für ... fehlt es an einem einleuchtenden / überzeugenden / plausiblen / zwingenden Grund / Anlaß.*

● *Schon (z.B. die Regelung in ⟨Norm⟩) ... zeigt, daß es nicht maßgeblich auf ... ankommen kann.*

● *Den Stimmen in der Literatur, die ... wollen / fordern, ist vorzuhalten / entgegenzuhalten / vorzuwerfen / entgegenzusetzen / zu erwidern / entgegnen, ...*

- *Ebenso falsch / verfehlt / unangemessen / unpassend ist es, wenn zur Begründung auf ... verwiesen wird.*

- *Ebensowenig verfängt / überzeugt ⟨Argument⟩ / kann ... überzeugen.*

- *Wenig ergiebig / ertragreich ist die Berufung auf ... :*

- *Dem steht jedoch ... entgegen /, daß ...*

- *Wieso ..., ist nicht ersichtlich / erkennbar / zu rechtfertigen / plausibel zu erklären / begründen.*

- *Der von ⟨Autor⟩ vertretene Standpunkt leidet darunter, daß nicht deutlich zwischen ... und ... unterschieden wird.*

- *Die Gegenmeinung trennt nicht ... und ... . Anders als ... ist aber ...*

- *Das von ... vorgeschlagene Abgrenzungskriterium / Unterscheidungskriterium ist kaum / nicht / nur schwerlich praktikabel: Feststellungen über ... werden sich nicht oder nur mit erheblichem Aufwand treffen lassen.*

- *Für ... fehlt es an einem nachvollziehbaren Maßstab.*

- *⟨Umstand⟩ / ⟨Folge⟩ hat das Gesetz bewußt in Kauf genommen (Beleg!).*

- *Es ist nicht / schwer(lich) einzusehen, warum ...* (Vorsicht, nicht zu dick auftragen.)

- *⟨Ansicht⟩ / ⟨Argument⟩ überzeugt nur auf den ersten Blick / dem ersten Anschein nach; bei näherem Hinsehen / näherer Überlegung stellt sich heraus, daß ...*

- *In besonderem / verstärktem Maße spricht gegen diese Auffassung, daß ...*

- *Die Überzeugungskraft des ... -arguments wird durch die dagegen vorgebrachten Einwände nicht beeinträchtigt / geschmälert.*

- *Nur geringe / zweitrangige / mindere Bedeutung ist dem Einwand ... beizumessen. ...*

- *Auch die Gegenansicht kommt nicht umhin, ... zuzugestehen / diesem Einwand Rücksicht zu tragen, indem ...*

- *Die Gegenmeinung stellt zu hohe Anforderungen an ...*

- *Daher ist diese Ansicht abzulehnen.*

In beide Richtungen einsetzbar:
- *Zu recht / unrecht / Zutreffend / Überzeugend weist ... auf ... hin, ...*

- *Neben den genannten Argumenten spricht dafür / dagegen insbesondere / immerhin, ...*

- *Für / Gegen ... spricht auch folgende Überlegung / Erwägung: ...*

86

- *Anders als bei* ... / *Im Unterschied zu* ... / *Abweichend* / *In Abweichung von* ...

- *Allein dieser Umstand kann / darf noch nichts an* ... *ändern. Tritt jedoch* ... *hinzu, so wird die Erforderlichkeit einer abweichenden Beurteilung deutlich.*

- *Es wird weitgehend / allgemein verkannt, daß* ...

- *Schon aus dem Begriff des/der* ... *geht hervor / ergibt sich / muß folgen, daß* ...

- *Naheliegend ist es / Daher bietet es sich an / verbietet es sich, auf* ... *abzustellen.*

- *Von* ⟨*z. B. Verfassungs*⟩ *wegen ist* ... *geboten.*

- *Eine andere Bewertung kann durch das Hinzutreten von* ⟨*Umstand*⟩ *gerechtfertigt / geboten sein.*

Will man Argumente »Schlag auf Schlag« darstellen, um das Ergebnis möglichst überzeugend und unvermeidlich erscheinen zu lassen, kann man diese einleiten mit

bei zwei Argumenten *Zum einen* ... ; *zum anderen* ... . oder

bei vielen Argumenten *Zunächst / Zuerst* ... *Weiter(hin)* ... *Darüber hinaus* ... *Entscheidend* ... *Zuletzt* ... *Nicht zuletzt* ... *Bestätigt wird dieses Ergebnis zudem durch* ... *Dazu kommt / Hinzu tritt die Überlegung, daß* ... *Überdies* ... , *zumal* ... *Auch ist zu bedenken* ... *Im übrigen* ... *Selbst wenn man* ... *Nicht zuletzt* ... *Unabhängig davon* ... *Daneben* ... *Außerdem* ... *Um so mehr muß dies gelten, wenn / weil* ... . *Schon / Allein / Bereits* ... *für sich genommen* ... *Jedenfalls* ... . *Vor allem* ... *Ergänzend / Verstärkend* ... *Schließlich* ... .

**Umgang mit Präjudizien**
Beruft sich die Ansicht, die Sie ablehnen wollen, etwa auf die Rechtsprechung des BGH, so können Sie versuchen, die Stichhaltigkeit des Arguments mit folgenden Fragen zu bezweifeln:

– ist das Präjudiz einschlägig?

– ist es richtig zitiert?

– ist es richtig?[20]

- *Die zur Begründung herangezogene Entscheidung* ⟨*Gericht, Fundstelle, ggf. in Fußnoten*⟩ *vermag diese Folgerung aber nicht zu tragen: Zunächst ist die Entscheidung seinerzeit in der Literatur heftig kritisiert worden und in der Rechtsprechung vereinzelt geblieben.*

- *Darüber hinaus handelte es sich beim zugrundeliegenden Sachverhalt erkennbar um*

---

20  Zum Thema Urteilskritik lesenswert: Hattenhauer, Hans: Die Kritik des Zivilurteils – eine Anleitung für Studenten, Frankfurt/Main 1970 (vergriffen); Berkemann, FS Geiger, Tübingen 1974, 299, 331 ff.

*einen besonderen Fall: ... Eben diesem Umstand wollte die Entscheidung Rechnung tragen. Ihre Übertragbarkeit auf ... allgemein / alle Situationen ... schlechthin darf bezweifelt werden.*

● *Ein Hinweis auf ... findet sich jedenfalls in der zitierten Entscheidung nicht.*

## Diskreditieren einzelner Stimmen

In einer um Objektivität und Wissenschaftlichkeit bemühten Diskussion kann man manchmal eine gewisse Vorgewichtung der Argumente dadurch erreichen, daß man darauf hinweist, sie seien interessegeleitet.

Solcherlei Hinweise sind aber vorsichtig einzusetzen; sie geraten schnell in die Nähe der etwas zwielichtigen Argumente zur Person. Wer darauf zurückgreift, läßt vermuten, er habe in der Sache nicht viel zu sagen.

### bb)  *Auf das Ergebnis zusteuern*

● *Maßgeblich / Ausschlaggebend / Entscheidend erscheint / ist ...*

● *Abzustellen ist (nicht) auf ...*

● *Entscheidendes Gewicht muß ... zukommen / beigemessen werden / wird man der Überlegung zumessen müssen, ...*

● *Zustimmung verdient ... / Zuzustimmen ist ...*

● *Zu folgen ist der (sogenannten) ... -theorie.*

● *Richtigerweise kommt es auf ... an.*

● *Im Ergebnis muß ... -kriterium / ... theorie Anwendung finden.*

● *Mit Recht stellt daher ...   in den Mittelpunkt der Betrachtung.*

● *Den Vorzug verdient ... / ⟨Ansicht⟩ ist aus den genannten Gründen der Vorzug zu geben.*

● *Mit / Zu Recht weist ⟨Autor⟩ / die ... -ansicht darauf hin, daß ...*

● *Aus alledem folgt, daß ...*

● *Aus ... folgt (notwendig) / ergibt sich (zwingend), daß ...*

● *Die besseren / überwiegenden Gründe sprechen dafür / dagegen, ...*

Argumentieren Sie möglichst nicht mit *Die Mehrzahl der Gründe* ... Das klingt, als hätten Sie nicht überlegt und gewichtet, sondern nur abgezählt. Zudem ignoriert ein solches Vorgehen die Möglichkeit, daß manche Gründe beim Abzählen nicht vorkamen, weil sie schon vorher unter den Tisch gefallen waren.

Fast immer weckt es Widerspruch, wenn Sie sich darauf beschränken, eine Ansicht darzustellen und abschließend zu sagen *Dem ist zuzustimmen.* Der Leser schreibt dann *Warum?* an den Rand; häuft sich das, führt es zur Abwertung.

Die Meinung, der man sich anschließt, bezeichnet man mit

● *Nach der hier vertretenen / favorisierten Ansicht /  … -theorie …*

### cc) *Subsumtion*

Hier ist darauf zu achten, daß das Ergebnis der Subsumtion möglichst wenig vom Ergebnis der vorläufigen Anwendung der als einschlägig bezeichneten »Theorie« abweicht.

### dd) *Wenn der Meinungsstreit sich auf einen nur parallelen Sachverhalt bezieht*

Ein typisches Problem bei der Entscheidung von Streitfragen ist folgendes: Was ist zu tun, wenn der hauptsächliche Anlaß zum Streit in einer Fallkonstellation liegt, die von der vorliegenden verschieden ist?

Ein Patentrezept hierfür gibt es wahrscheinlich nicht. Zumindest aber sollte man epische Breite bei der Aufbereitung von Problemen vermeiden, von denen im konkreten Fall keine Rede ist.

Stehen Ihnen noch andere Argumente zur Verfügung, können Sie das Hauptargument ein wenig kaschieren:

● *Außerdem erlaubt nur die  … -theorie eine angemessene / sach-/interessengerechte / gesetzeskonforme / vernünftige Entscheidung / weniger schön: Lösung der  … -fälle.*

● *Für das  … -kriterium spricht zudem, daß sich damit die  … -fälle ohne konstruktiven Aufwand lösen / entscheiden lassen.*

### ee) *Darstellungsalternative*

Wie bereits erwähnt, kann man ebenso gut mit der eigenen Meinung in die Diskussion einsteigen (*Nach zutreffender / richtiger / überzeugender / überzeugend begründeter Ansicht …* ), dann die Gegenargumente darstellen (*Zwar wird dagegen eingewandt, …* ) und widerlegen (*Dieses Argument kann schon im Blick auf … nicht überzeugen / Der letztgenannte Einwand übersieht …* ) und am Ende nochmals feststellen, daß der eigene Standpunkt der einzig sinnvolle ist (*Demgegenüber hat die hier vertretene Ansicht den Vorteil, daß …* ). Zumal bei kleineren Problemen ist diese Darstellung vorteilhaft, weil sie kürzer gerät. Allerdings nähert sie sich schon dem Urteilsstil an. Achten Sie aber auch hier darauf, nur Entscheidungsrelevantes zu prüfen.

## 2.  Einschlägigkeit einer Anspruchsgrundlage zweifelhaft

Nicht selten ist schon problematisch, ob eine ins Auge gefaßte Anspruchsgrundlage auf Fälle wie den vorliegenden überhaupt Anwendung findet. Meist ist es dann sinnvoll, diese Frage vor der Prüfung der einzelnen Tatbestandsmerkmale zu diskutieren und zu entscheiden; gegebenenfalls sollte dies durch eine eigene Überschrift (*Anwendbarkeit des Auftragsrechts* o. ä.) kenntlich gemacht werden.

Faustregel: Diskussion vor Subsumtion

Im übrigen kann man die Frage nach der Einschlägigkeit einer Anspruchsgrundlage wie deren erstes – ungeschriebenes – Tatbestandsmerkmal behandeln. Das bietet sich an, wenn man die Anwendbarkeit der Norm im Ergebnis bejaht. Oder man kann – noch vor dem Beginn einer von zwei oder mehreren konkurrierenden Anspruchsprüfungen – problematisieren, ob die eine neben der anderen anwendbar ist.

Formulierungen:

- *Zunächst ist fraglich, ob (neben den Regeln des … -rechts) ⟨Anspruchsgrundlage⟩ Anwendung findet / anwendbar / einschlägig ist. Dies wäre / ist nicht der Fall, wenn die Regeln / Regelungen / Normen / Vorschriften des/r ⟨Norm⟩ insofern abschließend wären / sind.*

- *Gegen die Anwendbarkeit von ⟨Norm⟩ auf Fälle wie den vorliegenden werden verschiedentlich Bedenken erhoben.*

- *Bezweifelt wird allerdings bereits die Anwendbarkeit der Vorschriften über …*

- *… , falls ⟨Norm⟩ anwendbar und dessen Tatbestand erfüllt ist*

- *Indessen erübrigt sich ein näheres Eingehen auf … , falls ⟨Norm⟩ zur Anwendung kommt.*

- *⟨Norm/en⟩ ist / sind gegenüber ⟨Norm/en⟩ vorrangig / spezieller. Nach dem Grundsatz lex specialis derogat legi generali / vom Vorrang der spezielleren Regelung muß also ⟨Norm⟩ weichen.*

- *⟨Norm⟩ schließt die ⟨Anwendung⟩ / ⟨Anwendbarkeit⟩ von ⟨Norm⟩ aus.*

Im Ergebnis:
- *Für (die Anwendung des/r) ⟨Norm⟩ ist kein Raum.*

- *⟨Norm⟩ verdrängt ⟨Norm⟩.*

- *⟨Norm⟩ tritt hinter ⟨Norm⟩ / ⟨Normkomplex⟩ zurück.*

- *⟨Norm⟩ und ⟨Norm⟩ sind nebeneinander anwendbar.*

- *⟨Norm⟩ ist subsidiär gegenüber ⟨Norm⟩.*

## 3. Rechtsfolgenseite

Nicht immer ist die Subsumtionsarbeit schon erledigt, wenn man den Tatbestand einer Anspruchsnorm zu Ende geprüft hat. Liegen die Probleme des Falles auf der Rechtsfolgenseite (also etwa bei Arbeiten mit Schwerpunkt im Schadensersatzrecht), bietet es sich an, in der Gliederung nach Anspruchsgrund und Anspruchshöhe zu unterscheiden. Nach der Prüfung des Haftungstatbestands zieht man dann ein Zwischenergebnis der Art

- *Dem Grunde nach / grundsätzlich besteht ein Anspruch des ⟨Anspruchstellers⟩ gegen ⟨Anspruchsgegner⟩,*

um dann fortzufahren

- *In welchem Umfang / In welcher Höhe / Ob allerdings ⟨Anspruchsteller⟩ Schadensersatz in der geltend gemachten Höhe / für sämtliche eingetretenen Schäden verlangen kann, ist fraglich.* Am Ende der Prüfung dann *Ein Anspruch des ⟨Anspruchsteller⟩ besteht (nur) in Höhe von DM ⟨Betrag⟩ / richtet sich nur auf den Ersatz von ⟨bejahte Schadensposition(en)⟩.* oder *Also kann ⟨Anspruchsteller⟩ lediglich / ausschließlich ⟨berechtigter Teil der Forderung⟩ verlangen.*

Auch auf der Rechtsfolgenseite muß also möglicherweise ebenfalls Merkmal für Merkmal subsumiert werden. Gesetzlich vorgegeben ist eine solche Unterscheidung beispielsweise im Recht der ungerechtfertigten Bereicherung, wo die Haftungstatbestände (§§ 812, 816 BGB) und die Bestimmungen über den Umfang der Haftung (§§ 818 ff. BGB) auch räumlich getrennt sind.

Wenn man nicht schon in Überschrift und Obersatz eine der Rechtsfolgen ausgesucht hat, muß man nun erwähnen, welche Möglichkeiten zur Wahl stehen,

- *K kann nun gemäß § 462 BGB Minderung oder Wandlung verlangen*

eventuell eine Empfehlung geben

- *Für K am vorteilhaftesten ist die Berechnung des Schadens nach der Differenzmethode*

wenn der Fall dafür Anhaltspunkte bietet, insbesondere, wenn die Fallfrage lautet »K fragt, was er tun kann.«

Gibt die Fallfrage allerdings keine besonderen Hinweise und enthält der Sachverhalt keine Umstände, die auf die Vorzugswürdigkeit einer Rechtsfolge gegenüber der/den anderen hindeuten, faßt man sich am besten kurz

- *G kann also von F nach seiner Wahl / wahlweise / alternativ (entweder) Schadensersatz wegen Nichterfüllung oder Erfüllung der Verbindlichkeit verlangen (§ 179 I BGB).*

- *⟨Anspruchsteller⟩ hat gegen ⟨Anspruchsgegner 1⟩ und ⟨Anspruchsgegner 2⟩ als Gesamtschuldner einen Anspruch auf ⟨Anspruchsziel⟩. Er kann daher wahlweise auch einen der beiden auf ⟨Leistung, z. B. Zahlung des vollen Betrags⟩ in Anspruch nehmen.*

In solchen Situationen sind Spekulationen darüber, ob und wie ein Berechtigter sein Wahlrecht ausüben wird, Platz- und Zeitverschwendung.

## F.  Strafrecht

Ergänzend zum bisherigen Bestand an Musterformulierungen, von dem vieles sinngemäß auf strafrechtliche Gutachten übertragbar ist, finden Sie hier eine Sammlung von im Strafrecht üblichen Wendungen.

Im Vergleich zur zivilrechtlichen Anspruchsprüfung ist die Strafbarkeitsprüfung übersichtlicher und stärker standardisierbar; bestimmte Sätze kommen in fast jedem Gutachten vor. Wegen der häufigen »Autorenn-« oder »Blümchenpflück-« Klausuren (bei denen ein Tatbestand nach dem anderen schnellstmöglich anzufahren bzw. zu pflücken ist) ist aber im Strafrecht mehr als in den anderen Gebieten eine effiziente Arbeitstechnik wichtig. Die Beherrschung häufig gebrauchter Formulierungen kann helfen, Zeit und Platz zu sparen.

### 1.  Das vollendete vorsätzliche Erfolgsdelikt als Grundfall

Nachstehend folgen die Formulierungsvorschläge in der Reihenfolge, in der sie beim vollendeten Erfolgsdelikt gebraucht werden. Im Anschluß werden kurz die Besonderheiten der anderen Begehungsformen skizziert.

#### a)  Überschrift
Die Überschrift kann meist knapp ausfallen:

*Strafbarkeit des T nach § 212 StGB*

Die konkrete Handlung müssen Sie in der Überschrift nicht nennen. Wenn die Arbeit nachvollziehbar gegliedert ist, ersieht der Leser schon aus dem Zusammenhang, welchen Handlungsabschnitt Sie derzeit begutachten. Ohnehin wird im folgenden Satz noch einmal genau gesagt, welches Verhalten Gegenstand der Prüfung ist.

Manchmal ist es aber geboten, etwas mehr Information in der Überschrift unterzubringen. Kommen beispielsweise bei einem Betrug mehrere Opfer in Frage, ergänzt man in der Überschrift

*zum Nachteil des ⟨Opfer⟩*

oder

*. . . wegen versuchten Mordes an O*[21]

#### b)  Erster Obersatz / Einleitungssatz
Auch hier ist es nicht nötig, laufend Beiträge zur Rettung des Konjunktivs im Stil von ⟨*Täter*⟩ *könnte sich . . . strafbar gemacht haben* zu leisten. Im Gegenteil: *kann* bringt zum Ausdruck, daß Sie das Gesetzlichkeitsprinzip ernst nehmen. Wenn die gesetzlichen Voraussetzungen vorliegen, hat sich der Täter strafbar gemacht. Deshalb ist vorher zu fragen, ob er sich strafbar gemacht haben *kann*.

---

21 Nicht: *wegen versuchtem Mord!*

Wie im zivilrechtlichen Gutachten ist der richtige Obersatz der Schlüssel zur richtigen Prüfung. Folgende vier Elemente muß er immer enthalten:

1. Täter

2. Tathandlung

3. Bezeichnung des Delikts

4. Strafnorm

Allgemeine Form:
- *Dadurch, daß / Indem / Als ⟨Täter⟩ ⟨handelte⟩, kann er sich wegen ⟨Delikt⟩ gemäß ⟨Strafnorm⟩ strafbar gemacht haben.*

| | |
|---|---|
| ⟨*Täter*⟩: | Insbesondere bei mehreren Beteiligten ist es nötig zu sagen, wessen Strafbarkeit Sie gerade prüfen. |
| ⟨*Handlung*⟩: | Je mehr in der Fallerzählung passiert, desto wichtiger ist es klarzustellen, an welches Verhalten (Tun oder Unterlassen) Sie einen Strafbarkeitsvorwurf knüpfen wollen.[22] |
| ⟨*Delikt*⟩: | Des weiteren ist das Delikt in Worten zu benennen. Es steht Juristen gut an, nicht nur mit Paragraphen um sich zu werfen, sondern sich so verständlich wie möglich auszudrücken. |
| ⟨*Strafnorm*⟩: | Der Leser möchte wissen, welche Norm geprüft wird – meist StGB, manchmal Nebenstrafrecht. Außerdem zeigt sich hier, daß Sie dem Gesetzlichkeitsprinzip Rechnung tragen – keine Strafe ohne Gesetzesverstoß. Dazu muß das Gesetz benannt werden. |

Zum Beispiel:
*Indem A dem B mit dem Messer eine Schnittwunde am Arm beibrachte, kann er sich wegen einer gefährlichen Körperverletzung gemäß §§ 223, 223a StGB strafbar gemacht haben.*

Will man ein subjektives Merkmal (etwa Bereicherungsabsicht oder Zueignungsabsicht) betonen, kann man einen erweiterten Infinitiv einschieben:

- *Indem ⟨Handelnder handelte⟩, um ⟨Erfolg⟩ zu ⟨erreichen⟩, kann er sich ... strafbar gemacht haben.*

Weitere Formulierungsmöglichkeiten:
- *Durch das / den / die / Mit dem / der ⟨Handlung⟩ kann ⟨Täter⟩ den Tatbestand des ⟨Delikt⟩ / ⟨Strafnorm⟩ verwirklicht / erfüllt haben.*

- *Der / Die / Das ⟨Handlung⟩ seitens ⟨Täter⟩ kann den Tatbestand des ⟨Strafnorm⟩ erfüllen.*

---

22 Vermeiden Sie es dabei, schon Tatbestandsmerkmale zu nennen (*Indem A das Buch wegnimmt, kann er sich gemäß § 242 StGB wegen eines Diebstahls strafbar gemacht haben*). Wählen Sie statt dessen lieber eine Umschreibung (*Indem A das Buch mitnimmt, ...* ).

- *In / Im / In der ⟨Handlung⟩ des/der ⟨Handelnde/r⟩ kann ein/e ⟨Delikt⟩ nach ⟨Strafnorm⟩ liegen / zu sehen sein.*

- *Im Hinblick auf / Hinsichtlich / Bezüglich ⟨Tatobjekt⟩ kann sich ⟨Täter⟩ nach / wegen ⟨Norm⟩ strafbar gemacht haben.*

- *⟨Täter⟩ kann wegen ⟨Handlung⟩ nach ⟨Norm⟩ strafbar sein / eines ⟨Delikt⟩ schuldig sein.*

- *⟨Handlung⟩ kann eine Strafbarkeit des ⟨Handelnder⟩ nach ⟨Norm⟩ begründen.*

- *⟨Handlung⟩ des / durch ⟨Handelnder⟩ kann sich als ⟨Delikt⟩ darstellen.*

- *Möglicherweise hat sich ⟨Täter⟩ strafbar gemacht, indem er . . .*

- *Zu prüfen ist, ob ⟨Täter⟩ wegen ⟨Handlung⟩ nach ⟨Norm⟩ strafbar ist*

- *Wegen ⟨Delikt⟩ kann sich ⟨Täter⟩ strafbar gemacht haben, weil . . . .*

- *⟨Täter⟩ kann den Unrechtstatbestand des ⟨Delikt/Norm⟩ erfüllt / verwirklicht haben.*

Bei letzterer Formulierung ist zu unterscheiden: *verwirklicht*, nicht *verwirkt* oder *verletzt*! *Verwirkt* wird eine Strafe, *verletzt* die Rechtsordnung, *verwirklicht* ein Straftatbestand. Gegen einen Tatbestand kann auch nicht *verstoßen* werden – das Gesetz ist es, gegen das verstoßen wird. Der Tatbestand wird *erfüllt*.

Einige Schwierigkeiten bringt der Gebrauch des Genitivs mit sich. Werfen Sie ⟨*Täter*⟩ *kann sich wegen eines Diebstahls strafbar gemacht haben* und ⟨*Täter*⟩ *kann sich eines Diebstahls schuldig gemacht haben* nicht durcheinander. Die Mischung ⟨*Täter*⟩ *kann sich eines Diebstahls strafbar gemacht haben* ist beliebt, aber falsch.

## c) Objektiver Tatbestand
**Definitionen** kann man im Strafrecht oft mit

*. . . , wer . . .*

formulieren, also

- *Täter ist, wer . . .*

- *Vorsätzlich handelt, wer . . .*

Eine typische Formulierung ist auch

- *Zur Verwirklichung des Merkmals ⟨»Tatbestandsmerkmal«⟩ genügt jede/r . . . , der/ die . . . .*

Bei der Analogiebildung im Strafrecht ist eine Besonderheit zu beachten: Die **strafbarkeitsbegründende Analogie** ist unzulässig.

Bestraft wird nur, wer einen der im Gesetz vorgesehenen Tatbestände verwirklicht. Dabei ist streng auf den Wortlaut der Norm zu achten. Dies wird unter dem Begriff des »Bestimmtheitsgrundsatzes« zusammengefaßt, Art. 103 II GG / § 1 StGB.

Etwas anderes gilt zugunsten des Täters, insbesondere bei der ausdehnenden Auslegung von Rechtfertigungs- oder Strafmilderungsgründen.

### aa)  Erfolgseintritt

- *Der tatbestandliche Erfolg des〈Norm〉, der/die〈Erfolg, z. B. Tod eines Menschen〉 ist eingetreten.*

Vermeiden Sie hier die Wendung

*§ 211 fordert den Tod eines Menschen*

zugunsten von

*§ 211 setzt voraus, daß ein Mensch getötet wurde.*

### bb)  Kausalität

- *〈Handlung〉 muß〈Verletzungserfolg〉 bewirkt haben.*

- *〈Täter〉 hat durch (+Akk.) / mit (+Dat.) / mittels (+Gen.)〈Handlung〉〈Erfolg〉 bewirkt / verursacht.*

- *Durch〈Handlung〉 hat〈Täter〉 eine Bedingung für〈Erfolg〉 gesetzt (, die nicht hinweggedacht werden kann, ohne daß〈Erfolg〉 (in seiner konkreten Gestalt) entfiele).*

- *〈Erfolgseintritt〉 liegt (auch) nicht außerhalb jeder Lebenserwartung; der/die/das 〈Handlung〉 war daher auch adäquat kausal / ursächlich für〈Erfolg〉.*

- *Bei Unterlassen: Hätte〈Unterlassender〉〈gehandelt〉, so wäre〈tatbestandlicher Erfolg〉 nicht eingetreten / mit an Sicherheit grenzender Wahrscheinlichkeit ausgeblieben.*

Auf die **objektive Zurechnung** ist beim Vorsatzdelikt nur einzugehen, wenn sie problematisch ist. Ansonsten sollte sie nicht erwähnt werden, da diese Figur für Fahrlässigkeitsdelikte entwickelt worden ist.

**Zwischenergebnis** zu einem problematischen Tatbestandsmerkmal:

- *〈Täter〉 hat damit das〈Delikts-〉merkmal des/r〈Merkmal〉 erfüllt.*

### d)  Subjektiver Tatbestand

- *Die subjektive Seite des Tatbestands / der Tat / der subjektive Tatbestand verlangt . . .*

- *Auf der subjektiven Seite ist weitere Voraussetzung für die Erfüllung des Tatbestandes vorsätzliches Handeln des〈Täter〉/, daß〈Täter〉 vorsätzlich gehandelt hat.*

- *Vorsatz ist der Wille zur Verwirklichung eines Straftatbestands in Kenntnis aller seiner objektiven Tatumstände.*

95

- *Tatbestandsausschließende Wirkung hat jedoch ein eventueller Irrtum des ⟨Täter⟩ über
  ...*

- *⟨Täter⟩ könnte sich jedoch über ... im Irrtum befunden haben. Dies hätte zur Folge,
  daß vorsätzliches Handeln gemäß § 16 StGB ausscheidet.*

- *Der Wille des ⟨Täter⟩ war darauf gerichtet, ... zu ...*

Sätze wie

- *A wußte, was er tat und wollte dies auch*

genügen einer ordentlichen Vorsatzprüfung nicht, da diese sich auf die Merkmale
des objektiven Tatbestands beziehen muß. Gleichfalls sollten Formulierungen ver-
mieden werden wie

- *A hat bezüglich des Todes des B ebenso vorsätzlich gehandelt, wie er Vorsatz beim
  Diebstahl hatte.*

Die eine Vorsatzprüfung hat mit der anderen nichts zu tun.

Es ist ebenfalls richtig, den subjektiven Tatbestand in der Schuld zu prüfen; dies
entspricht dem kausalen Deliktsaufbau. Wechseln Sie aber nicht innerhalb eines
Gutachtens vom kausalen zum finalen Aufbau oder umgekehrt.

**Zwischenergebnis**
- *Das Verhalten / Handeln / Tun / Unterlassen / Die Tat / Handlung des ⟨Täter⟩
  erfüllt die tatbestandlichen Voraussetzungen des ⟨Norm⟩.*

### e)  Rechtswidrigkeit / Schuld
Im Grunde gibt es drei mögliche Fallkonstellationen: Die Rechtswidrigkeit oder
Schuld ist ernsthaft problematisch, sie ist völlig unproblematisch oder sie ist zwar
im Ergebnis klar anzunehmen, aber der Fallsteller will erkennbar einen Satz darüber sehen.

Im ersten Fall gehen Sie schulmäßig vor und prüfen im Gutachtenstil mögliche
Rechtfertigungsgründe.

Im zweiten Fall formulieren Sie im Urteilsstil:

- *⟨Täter⟩ handelte rechtswidrig und schuldhaft.*

Das spart enorm Platz.

Im dritten Fall orientieren Sie den Umfang Ihrer Ausführungen an der zur Verfügung stehenden Bearbeitungszeit oder dem Seitenlimit. Beispiel für eine knappe
Bearbeitung:

- *Eine Rechtfertigung dieses Handelns nach ⟨Norm⟩ scheitert wenn nicht schon am Vorliegen einer Gefahr, so doch jedenfalls an deren fehlender Gegenwärtigkeit: ...*

In der Regel kann auf eine Definition der Rechtswidrigkeit verzichtet werden. Definieren Sie sie nur, wenn sie positiv festgestellt werden muß (wie in § 240 StGB). Sie ist bei einer tatbestandsmäßigen Tat meist, wenn auch nicht immer, gegeben, wenn kein Rechtfertigungsgrund eingreift. Auch das braucht man aber nicht hinzuschreiben.

Lehrbuchhafte Definitionen der Rechtswidrigkeit, unter die Sie dann nicht subsumieren, können Sie genauso gut weglassen:

- *Rechtswidrig ist die Tat, wenn sie den objektiven Normen der Rechtsordnung widerspricht*

- *Rechtswidrig ist ein Angriff, der den Bewertungsnormen der Rechtsordnung zuwiderläuft und durch keinen Erlaubnissatz gedeckt ist.*

## aa) Rechtswidrigkeit
Zurückhaltung ist geboten mit dem Satz

- *Die Rechtswidrigkeit / Widerrechtlichkeit des ⟨Handeln⟩ ist durch die Tatbestandsmäßigkeit indiziert.*

Der Satz enthält keine Information, die die Fallösung voranbringt. Außerdem ist die Aussage zwar meist richtig, aber als Formulierung ziemlich abgenutzt.

- *⟨Täter⟩ handelte (auch) rechtswidrig.*

oder

- *Rechtfertigungsgründe stehen ⟨Täter⟩ nicht zur Seite.*

- *Rechtfertigungsgründe, die eine andere Beurteilung tragen* (weniger schön: *rechtfertigen*) *würden, greifen hier nicht ein.*

- *Die von ⟨Täter⟩ begangene Rechtsgutsverletzung ist unerlaubt, weil kein Rechtfertigungsgrund vorliegt.* – Urteilsstil

Bei den Rechtfertigungsgründen kommt es regelmäßig auf eine Güterabwägung an.

**Eingriffe** in / Verletzungen von Rechtsgütern können

*erheblich / spürbar / bedeutend / gewichtig / schwer / schwerwiegend / groß / grob / größtmöglich*

oder im gegenteiligen Fall

*verhältnismäßig / relativ / im Vergleich zu / mit / gemessen an / verglichen mit* …

*gering(fügig) / unerheblich / vernachlässigbar*

sein.

## bb)  Schuld

- *Weiter / überdies muß ⟨ Täter ⟩ schuldhaft gehandelt haben.*

- *Entschuldigungs- und / oder Schuldausschließungsgründe liegen nicht vor / sind nicht ersichtlich / erkennbar.*

Die »Standardformulierung« zur Schuld ähnelt der zur Rechtswidrigkeit: Besteht nicht ausnahmsweise Anlaß zu einer abweichenden Bewertung, so ist nur kurz festzustellen, daß der Täter schuldhaft gehandelt hat. Insbesondere die Schuldfähigkeit ist nur zu thematisieren, wenn wegen Minderjährigkeit, starker Alkoholisierung oder dergleichen Anlaß dazu besteht.

Mindestens einmal in jeder Übungsarbeit sollte man zeigen, daß man die Schuldmerkmale beherrscht:

- *Der schuldfähige ⟨ Täter ⟩ handelte mit Unrechtsbewußtsein. Sonstige Entschuldigungsgründe liegen nicht vor. ⟨ Täter ⟩ handelte also auch schuldhaft.*

Beachten Sie, daß § 21 StGB nicht die Schuldfähigkeit selbst betrifft, sondern eine Strafzumessungsregel enthält, die nicht bei der Schuld abzuhandeln ist.

## Ergebnis

Der Ergebnissatz muß die im ersten Obersatz / Einleitungssatz aufgeworfene Frage beantworten.

Ist die Strafbarkeit zu bejahen:

- *⟨ Täter ⟩ hat sich daher / also nach ⟨ Norm ⟩ / wegen ⟨ Delikt ⟩ strafbar gemacht.*

- *⟨ Täter ⟩ ist wegen ⟨ Delikt ⟩ nach ⟨ Norm ⟩ strafbar / zu (be)strafen.*

- *Damit ist ⟨ Täter ⟩ auch / zusätzlich wegen ⟨ Delikt ⟩ strafbar.*

- *⟨ Täter ⟩ hat sich eines Verbrechens / Vergehens[23] nach ⟨ Norm ⟩ schuldig gemacht.*

Keine Strafbarkeit:
- *⟨ Täter ⟩ bleibt (insofern / auch hier) straffrei.*

- *⟨ Täter ⟩ ist nicht (nach ⟨ Norm ⟩) strafbar / hat sich nicht (nach ⟨ Norm ⟩) strafbar gemacht.*

- *Das Handeln des ⟨ Täter ⟩ / ⟨ Handlung ⟩ seitens / durch ⟨ Täter ⟩ erfüllt keinen Straftatbestand / nicht den Tatbestand des ⟨ Norm ⟩.*

- *Einer Bestrafung des ⟨ Handelnder ⟩ nach ⟨ Norm ⟩ steht entgegen, daß nach ⟨ Rechtfertigungs-/Entschuldigungstatbestand ⟩ die Rechtswidrigkeit / Schuld ausgeschlossen ist.*

---

23  Die Unterscheidung zwischen Vergehen und Verbrechen (dazu § 12 I, II StGB) muß nicht präsentiert werden; verwendet man aber die Termini, sollte man sie richtig gebrauchen.

● *Daher scheidet eine Strafbarkeit nach ⟨ Norm⟩ aus.*

● *Da der Versuch eines/r ⟨ Delikt⟩ nicht strafbar ist (⟨ Norm/en⟩), hat sich ⟨ Täter⟩ nicht strafbar gemacht.*

## f) Strafantrag

Ist nach dem Aufgabentext oder dem Bearbeitervermerk für das fragliche Delikt vom Verletzten Strafantrag gestellt, sollte man sich auf eine kurze Feststellung – ggf. unter eigener Überschrift – beschränken:

● *Der nach ⟨ Norm⟩ erforderliche Strafantrag ist gestellt.*

Fehlt es am Strafantrag, empfehlen sich folgende Formulierungen

● *Eine Bestrafung des ⟨ Täter⟩ wegen ⟨ Norm⟩ scheitert am fehlenden Strafantrag.*

● *⟨ Täter⟩ hat sich damit eines/r ⟨ Delikt⟩ schuldig gemacht. Voraussetzung für seine Bestrafung ist aber nach ⟨ Norm⟩ ein Strafantrag des/r ⟨ Verletzter / Antragsberechtigter⟩.*

## g) Regelbeispiele

Bei Regelbeispielen (besonders schwerer Fall des Diebstahls, § 243 StGB) sollte man nicht vom »Tatbestand«, sondern von »Merkmalen« sprechen, da es sich nur um Beispiele handelt, das Vorliegen der Merkmale also noch nicht notwendig die Rechtsfolge herbeiführt.

## h) Qualifikationstatbestände

● *⟨ Verhalten⟩ des ⟨ Handelnder⟩ kann darüber hinaus / zugleich / weiterhin noch / sogar / auch ⟨ Qualifikationstatbestand⟩ erfüllen.*

Bei der Prüfung des Grundtatbestandes kann die Qualifikation gleich in die Tatbestandsprüfung mit einbezogen oder aber nach der Schuld geprüft werden. Im letzteren Fall muß aber auch der Vorsatz bezüglich der qualifizierenden Merkmale erst im Anschluß thematisiert werden.

Die **Rechtsfolgenseite** wird in strafrechtlichen Gutachten nicht näher thematisiert; für Ausführungen zum **Strafmaß** fehlt es in den Sachverhalten regelmäßig an Informationen. Es genügt die Feststellung, ob sich der Betreffende strafbar gemacht hat; die Bestimmung einer konkreten Rechtsfolge (Freiheits- oder Geldstrafe, in welchem Umfang, Strafaussetzung zur Bewährung usw.) ist eine eigene Wissenschaft, die im akademischen Unterricht fast keine Rolle spielt und deshalb von Ihnen – noch – nicht verlangt wird.

## 2. Andere Begehungsformen

Die verschiedenen Begehungsformen kann man in die oben genannten Satzkonstruktionen beinahe baukastenartig einfügen.

## a) Versuch

**aa)** Schon in der Überschrift sollten Sie §§ 22, 23 I StGB nennen; bei Vergehen (Definition in § 12 II StGB) muß zusätzlich die Bestimmung im Besonderen Teil zitiert werden, die die Strafbarkeit des Versuchs ausdrücklich anordnet.

Beispiel für den ersten Obersatz:
*Dadurch, daß A mit dem Messer auf B losging, um ihn am Arm zu verletzen, ihm das Messer aber dann aus der Hand glitt, kann er sich nach §§ 223, 223a, 22, 23 I StGB wegen einer versuchten gefährlichen Körperverletzung strafbar gemacht haben.*

### bb)  Feststellung der Versuchsstrafbarkeit
Zur Strafbarkeit des Versuchs genügt ein Satz.

Bei Verbrechen ist der Versuch immer strafbar.

- *Die Versuchsstrafbarkeit des ⟨Delikt⟩ ergibt sich aufgrund seiner Verbrechensqualität aus §§ 12 I, 23 I StGB.*

Bei Vergehen ist der Versuch nur strafbar, wenn dies im Besonderen Teil des StGB bei dem betreffenden Delikt ausdrücklich angeordnet ist.

- *Die Versuchsstrafbarkeit ergibt sich aus ⟨Norm im BT⟩ in Verbindung mit §§ 12 I, 23 I StGB.*

### cc)  Nichtvollendung der Tat
Handelt es sich ganz offensichtlich nur um einen Versuch, geht man auf eine Strafbarkeit wegen vollendeter Tat gar nicht erst ein, sondern beginnt sofort mit der Versuchsprüfung. In der Überschrift und im Obersatz kann dann so formuliert werden:

- *... des / eines versuchten ⟨Delikt⟩ gemäß ⟨Norm⟩ ...*

- *... eines ⟨Delikt-⟩Versuchs nach ...*

Auch wenn die Dinge nicht ganz so eindeutig liegen, ist eingangs der Versuchsprüfung wenigstens kurz festzustellen, daß es an der Vollendung fehlt:

- *⟨Merkmal⟩ ist nicht erfüllt / hat nicht stattgefunden / ⟨tatbestandlicher Erfolg⟩ ist nicht eingetreten, so daß eine Vollendung / eine vollendete Tat / eine Strafbarkeit wegen Vollendung ausscheidet. Gemäß ⟨Norm⟩ ist (aber auch) der Versuch strafbar.*

- *Die Tat des ⟨Täter⟩ ist nicht zur Vollendung gekommen: (z.B.: B ist nicht tot).*

Ist die Abgrenzung Versuch/Vollendung ernsthaft problematisch, prüft man zuerst die vollendete Tat und schwenkt nach der Feststellung, daß ein Merkmal nicht verwirklicht ist, auf die Versuchsprüfung um, die man – unter einer neuen Überschrift und mit neuem Obersatz – einleiten kann mit

- *In Betracht kommt aber ein/e versuchte/r ⟨Delikt⟩ nach ⟨Norm⟩ o. ä.*

Im **Tatbestand** wird abweichend vom üblichen Aufbau mit der Prüfung des subjektiven Teils (**Tatentschluß**) begonnen.

- ⟨*Täter*⟩ *muß mit dem Tatentschluß gehandelt haben, eine/n* ⟨*Delikt*⟩ *zu begehen.*

- ⟨*Täter*⟩ *muß den Vorsatz gehabt haben,* ⟨*Tatbestandsmerkmal*⟩ *zu erfüllen.*

Zum Tatentschluß gehören auch sonstige subjektive Merkmale wie die Zueignungsabsicht beim Diebstahl.

Dem objektiven Tatbestand entspricht beim Versuch das **unmittelbare Ansetzen zur Tatbestandsverwirklichung**.

- *Gemäß § 22 StGB muß* ⟨*Täter*⟩ *zur Verwirklichung des* ⟨*Delikts-*⟩ *Tatbestands unmittelbar angesetzt haben.*

### b)  Rücktritt

Als Strafaufhebungsgrund (im Deliktsaufbau nach der Schuld zu prüfen) kommt ein Rücktritt in Betracht. Der Obersatz zum Rücktritt kann ganz ähnlich klingen wie der Obersatz zur Strafbarkeit: Es sind Handelnder, Handlung und gesetzliche Regelung (hier: § 24 I StGB, einschlägige Alternative nicht vergessen) zu benennen. Hierbei ist wegen der unterschiedlichen Voraussetzungen für einen strafbefreienden Rücktritt zunächst zu untersuchen, ob es sich um einen beendeten oder einen unbeendeten Versuch handelt.

- ⟨*Täter*⟩ *kann, indem er* ⟨*handelte*⟩*, mit strafbefreiender Wirkung vom Versuch zurückgetreten sein, § 24 I S. 1/2 StGB.*

- *Indem er* ⟨*handelte / unterließ / aufgab*⟩*, kann* ⟨*Täter*⟩ *vom Versuch des/r* ⟨*Delikt*⟩ *zurückgetreten sein.*

Im Ergebnis:

- ⟨*Handlung*⟩ *führt zur Straflosigkeit des* ⟨*Täter*⟩ *wegen Rücktritts nach § 24 I n. Alt. StGB.*

### c)  Unterlassen[24]

Schon in der Überschrift sollten Sie immer § 13 I StGB mitzitieren. Bei der Umschreibung der Tathandlung sollten Sie bereits zum Ausdruck bringen, daß der Strafbarkeitsvorwurf an ein Unterlassen angeknüpft wird.

- *... eines* ⟨*Delikt*⟩*, begangen durch Unterlassen, ...*

- *... wegen* ⟨*Delikt*⟩ *durch Unterlassen ...*

- *Indem* ⟨*Täter*⟩ *es unterließ,* ⟨*notwendige Handlung vorzunehmen*⟩*, kann er sich gemäß §§ 13 I,* ⟨*Strafnorm*⟩ *wegen eines* ⟨*Delikt*⟩*, begangen durch Unterlassen, strafbar gemacht haben.*

---

24  Bei unechten Unterlassungsdelikten, also solchen, die auch durch aktives Handeln begangen werden können.

Beispiel für den ersten Obersatz:

*Weil A es als Arzt unterließ, die Schnittwunde des B ordnungsgemäß zu verbinden, und die Wunde sich entzündete, kann A sich wegen einer Körperverletzung durch Unterlassen gemäß §§ 223, 13 StGB strafbar gemacht haben.*

### d) Mittäterschaft

Vergessen Sie nicht, § 25 II StGB zu nennen.

Beispiel für den ersten Obersatz:

*Indem A dem C in die Hand stach, während B den C festhielt, kann sich A wegen einer gefährlichen Körperverletzung in Mittäterschaft gemäß §§ 223, 223a, 25 II StGB strafbar gemacht haben.*

Mehrere Täter gemeinsam zu prüfen empfiehlt sich nur, wenn sie sich identisch verhalten haben.

- *Dadurch, daß ⟨Täter 1⟩ und ⟨Täter 2⟩ ⟨handelten⟩, können sich beide eines mittäterschaftlich begangenen ⟨Delikt⟩ schuldig gemacht haben*

- *Indem ⟨Täter 1⟩ und ⟨Täter 2⟩ gemeinsam / zusammen ⟨handelten⟩, könnten sie sich des gemeinschaftlichen / mittäterschaftlichen / mittäterschaftlich begangenen / in Mittäterschaft begangenen ⟨Delikt⟩ schuldig gemacht haben.*

Haben sich beide unterschiedlich verhalten, prüft man zweckmäßigerweise denjenigen zuerst, welcher den Tatbestand allein vollständig oder zum größeren Teil verwirklicht hat (den »Tatnäheren«), und im Anschluß den oder die anderen.

Für den anderen bietet sich folgender Einstieg in die Tatbestandsprüfung an:

- *⟨Täter 2⟩ hat ⟨Tatbestandsmerkmal⟩ nicht selbst verwirklicht; das Verhalten des ⟨Täter 1⟩ kann ihm jedoch möglicherweise aufgrund der mittäterschaftlichen Begehungsweise über § 25 II StGB zugerechnet werden. Voraussetzung dafür sind ein gemeinsamer Tatplan und ein wichtiger Tatbeitrag des ⟨Täter 2⟩.*

Beispiel: *Dadurch, daß B den C wie verabredet festhielt, während A mit dem Messer auf C einstach, kann B sich wegen gemeinschaftlich begangener gefährlicher Körperverletzung nach §§ 223, 223a, 25 II StGB strafbar gemacht haben. B hat den Messerstich nicht selbst ausgeführt und dadurch C körperlich mißhandelt oder an der Gesundheit beschädigt. Fraglich ist jedoch, ob ihm die oben geprüfte Körperverletzung des A über die Mittäterschaft nach § 25 II zugerechnet werden kann.*

Beide Täter müssen in den Fällen mehraktiger oder zusammengesetzter Tatbestände gemeinsam geprüft werden (Beispiel: Wenn bei § 249 StGB ⟨Täter 1⟩ die Gewalt anwendet und ⟨Täter 2⟩ die Wegnahme begeht. Auch hier sind aber die Voraussetzungen der Mittäterschaft (gemeinsamer Tatplan und gemeinschaftliches Zusammenwirken) ausdrücklich anzusprechen.

### e)  Mittelbare Täterschaft

In Überschrift und Obersatz ist § 25 I Alt. 2 StGB zu nennen.

- *Indem er den unvorsätzlich / nicht vorsätzlich / nicht rechtswidrig / rechtmäßig / durch ⟨Rechtfertigungsgrund⟩ gerechtfertigt handelnden / nicht schuldhaft / wegen ⟨Norm⟩ schuldlos handelnden*[25] *⟨Werkzeug⟩ veranlaßte, ⟨zu handeln⟩, kann sich ⟨Täter⟩ wegen ⟨Delikt⟩, begangen in mittelbarer Täterschaft, strafbar gemacht haben.*

- *Indem ⟨Täter⟩ ⟨Werkzeug⟩ benutzte, um ⟨zu handeln⟩, kann er sich wegen eines ⟨Delikt⟩, begangen in mittelbarer Täterschaft nach § 25 I Alt. 2 StGB, strafbar gemacht haben.*

Beispiel für den ersten Obersatz:

*Dadurch, daß A den zwölfjährigen B zwingt, dem C einen schmerzhaften Tritt in die Magengegend zu verpassen, kann sich A wegen einer Körperverletzung, begangen in mittelbarer Täterschaft, nach §§ 223, 25 I Alt. 2 StGB strafbar gemacht haben.*

Im **objektiven Tatbestand** stellen Sie fest:

- *⟨Täter⟩ hat ⟨Tatbestandsmerkmal⟩ nicht selbst erfüllt. Zu prüfen ist daher, ob er ⟨Werkzeug⟩ als Werkzeug benutzt hat.*

Anschließend prüfen Sie, ob das Werkzeug tatbestandsmäßig gehandelt hat. Dann fragen Sie, ob dieses Handeln dem Täter über die Figur der mittelbaren Täterschaft zugerechnet werden kann.

- *Dazu muß ⟨Werkzeug⟩ als Werkzeug gehandelt haben. Das kann sich daraus ergeben, daß ⟨Werkzeug⟩ unvorsätzlich / nicht vorsätzlich / nicht rechtswidrig / rechtmäßig / durch ⟨Rechtfertigungsgrund⟩ gerechtfertigt gehandelt hat / sich im Nötigungsnotstand befand etc.*

An dieser Stelle ist die mittelbare Täterschaft auch ggf. von der Anstiftung abzugrenzen.

### f)  Beihilfe

Vergessen Sie nicht, § 27 I StGB in Überschrift und Obersatz zu nennen.

- *⟨Gehilfe⟩ kann als Helfer des ⟨Haupttäters⟩ / wegen Beihilfe zum/r ⟨Haupttat⟩ des ⟨Haupttäter⟩ nach §§ ⟨Strafnorm⟩, 27 I StGB strafbar geworden sein, indem er ⟨handelte⟩.*

- *Zum/r ⟨Haupttat⟩ des ⟨Haupttäter⟩ kann / könnte ⟨Gehilfe⟩ dadurch Beihilfe geleistet haben, daß er ⟨handelte⟩.*

---

25  Die Verwendung der Fachbegriffe empfiehlt sich nur, wenn über das tatbestandslose, rechtmäßige, schuldlose etc. Handeln des Werkzeugs bereits in einer vorangegangenen Prüfung eine Feststellung getroffen wurde.

Beispiel für den ersten Obersatz:

*Indem A Wache stand, während B den C verprügelte, kann sich A wegen Beihilfe zur Körperverletzung gemäß §§ 223, 27 StGB strafbar gemacht haben.*

Im **Tatbestand** prüfen Sie dann wie folgt:

- *Erste Voraussetzung ist ein vorsätzliche rechtswidrige Haupttat, zu der ⟨Gehilfe⟩ Beihilfe geleistet haben kann. Dies ist der bereits oben geprüfte ⟨Delikt⟩ des ⟨Haupttäter⟩.*

Beim subjektiven Tatbestand sollten Sie den Ausdruck »doppelter Gehilfenvorsatz« trotz seiner Beliebtheit vermeiden. Wie auch sonst muß sich der Vorsatz des Gehilfen auf alle Merkmale des objektiven Tatbestands (hier also: die Haupttat und das Hilfeleisten dazu) beziehen.

Ist nicht klar, ob der Täter Mittäter oder Gehilfe ist, prüfen Sie zuerst die Mittäterschaft, brechen Sie die Prüfung gegebenenfalls im objektiven Tatbestand ab und prüfen dann mit neuem Obersatz die Beihilfe.

### g)  Anstiftung
Nennen Sie § 26 StGB in Überschrift und Obersatz.

- *⟨Anstiftungshandlung⟩ kann eine Strafbarkeit des ⟨Anstifter⟩ wegen Anstiftung zum/r ⟨Haupttat⟩ begründen.*

- *Zum/r ⟨Haupttat⟩ des ⟨Haupttäter⟩ kann / könnte ⟨Anstifter⟩ dadurch angestiftet haben, daß er ⟨handelte⟩.*

Beispiel für den ersten Obersatz:

*Indem A dem B eine lohnende Beute in Aussicht stellte, wenn dieser dafür C verprügeln würde, kann sich A wegen einer Anstiftung zur Körperverletzung nach §§ 223, 26 StGB strafbar gemacht haben.*

Bei Anstiftung und Beihilfe müssen Sie immer deren **Akzessorietät** beachten, also die Strafbarkeit des Helfers oder Anstifters nur und erst dann prüfen, wenn die Strafbarkeit des Haupttäters bereits bejaht wurde.

# Teil 4: Einige Regeln

Nach der gründlichen Lektüre des Vorstehenden müßten Sie eine recht genaue Vorstellung von der Funktionsweise und der sprachlichen Gestaltung eines juristischen Gutachtens haben. Der folgende Abschnitt soll Ihnen helfen, bei der Umsetzung dieses Wissens unnötige Fehler zu vermeiden.

## Kapitel 1: Fehler

Nachstehend findet sich eine Reihe von Regeln, von denen manche elementare Bedeutung[1], andere eher subtilen Charakter[2] haben. Kaum eine ist zwingend; der Begriff »Regel« deutet aber bereits an, daß im Zweifel lieber der **Regel** als der immer denkbaren **Ausnahme** zu folgen ist. Da dem Anfänger nicht auf Anhieb Inhalt und/oder Sinn einer jeden dieser Regeln einleuchten wird, finden sich überall mehrheitlich authentische Beispiele und fast immer kurze Erklärungen. Sie greifen typische Fehler und Schwierigkeiten in universitären Gutachten auf, wie sie üblicherweise Gegenstand von Leistungskontrollen bis einschließlich zum Ersten Staatsexamen sind.

Das meiste ist nur Konvention; ein Verstoß dagegen ist kein echter Fehler. Trotzdem spricht kaum jemals etwas dagegen, sich einfach an die Konvention zu halten.

1. Etliche dieser Hinweise lassen sich angesichts des in **Klausuren** häufigen Zeitdrucks nur in Hausarbeiten richtig berücksichtigen; man kann aber das eine oder andere üben, um sich auch in Klausuren nicht völlig zu blamieren. Allerdings ist die inhaltlich »richtige« Entscheidung wichtiger als eine gediegene Sprache. Stilistische Finessen sind also erst an der Reihe, wenn Sie die Begründung durchdacht haben.

2. In **Hausarbeiten** gelten andere Maßstäbe: Der Leser weiß, daß Sie sich die Zeit für eine auch äußerliche Überarbeitung des Textes hätten nehmen können. Er kann es Ihnen zu Recht übelnehmen, wenn Sie das nicht für nötig halten.

3. Für viele Fragen gibt es mehrere »richtige« Antworten. Das heißt, man kann es

---

1 Beachten Sie insbesondere die Bemerkungen zur richtigen Verwendung der deutschen Sprache, sogleich S. 108 ff.
2 Etwa die Hinweise zur richtigen Schreibweise des Terminus »condicio sine qua non«, unten S. 121.

so oder so machen. »So oder so« bedeutet aber nicht »So und so«. Hat man sich für die eine Art entschieden, soll man das durchhalten; es gilt das Gebot der **Einheitlichkeit.**

4. **Haftungsausschluß**: Die Zahl möglicher Fehler ist vermutlich unendlich. Hier kann aber nur eine endliche Zahl von Fehlervermeidungsstrategien aufgelistet werden. Die Lage wird nur noch komplizierter, weil sich Regeln über juristischen Sprachgebrauch nicht aus dem Gesetz oder ähnlichen autoritativen Quellen ergeben, sondern von des Prüfers individuellen Präferenzen abhängen, wobei letztere noch von Zeit zu Zeit wechseln können.

Kurz: Die folgenden Regeln sind wichtig, aber **nicht abschließend**. Immerhin sind die häufigsten Fehler erwähnt.

5. **Arbeitshinweise**:

a) Lesen Sie die folgenden Hinweise einmal »trocken« durch, auch wenn Sie gerade keine Klausur oder Hausarbeit schreiben. Ein bißchen bleibt immer hängen.

b) Lesen Sie das Ganze noch einmal, wenn es akut wird. Das Nachstehende kann man als Checkliste gebrauchen, wenn die Hausarbeit fast fertig ist.

Ergänzen Sie bei jeder Gelegenheit ähnliche Regeln und Fehler, besonders solche, die Ihnen im eigenen Sprachgebrauch auffallen. Jeder Respekt vor diesem Text ist zwecklos; malen Sie also Ihre Erkenntnisse an den Rand, streichen Sie Anweisungen, die Ihnen nicht zusagen etc.

6. Zu den **Quellen**:

Es gibt – leider? – keine kanonisierte Sammlung solcher Regeln. Neben eigener Erfahrung im Schreiben und Korrigieren von Hausarbeiten und Klausuren liegt der nachstehenden Auflistung die Auswertung etlicher »Kochbücher« zugrunde [3]. Darin finden Sie vieles des hier Aufgeführten von professoraler Seite bestätigt.

Die besten solcher Tips findet man oft dort, wo man sie nicht erwartet [4]. Diese

---

[3] Besonders empfehlenswert: Diederichsen, Uwe: Die BGB-Klausur, 8. Aufl. München 1994 – zu Recht einer der »Klassiker«; allerdings hört es sich bei Diederichsen immer so an, als sei jeder noch so kleine Fehler unverzeihlich ... ; Gramm, Christof (Hrsg.): Kleine Fehlerlehre für Juristen nach Dr. Julius Knack, Baden-Baden 1989 – Schwerpunktbildung im Öffentlichen Recht; Erichsen; Hans-Uwe u. a. (Hrsg.): Das Jurastudium (Jura Extra), 2. Aufl., Berlin 1993.

[4] Beispielsweise die Stilregeln für Juristen bei Hattenhauer, Hans / Eckert, Jörn / Hattenhauer, Christian: 75 Klausuren aus dem BGB mit Lösungsskizzen, 9. Aufl., Neuwied etc. 1996, S. 215–221. Empfehlenswert sind auch Müller, Sprache und Examen, JuS 1996, L 49 ff. und Gross, Praktische Anregungen zur Verbesserung der juristischen Kommunikation, JA 1995, 83 f.

Zusammenstellung verfolgt daher auch den Zweck, Ihnen das Blättern an zwanzig anderen Stellen zu ersparen.

Wenn Sie besser durch konkrete Beispiele als durch das Lesen von Regeln lernen, ist es sinnvoll, sich einmal ein paar **Originalarbeiten** anzusehen und sich die Fehler anderer Leute zu Herzen zu nehmen. An vielen juristischen Fachbereichen gibt es Hausarbeiten- und Klausurensammlungen, die genau das ermöglichen. Die Mustergutachten in den Ausbildungszeitschriften sind nicht alle gleichermaßen geeignet. Selbst diejenigen, die sich auf den ersten Blick an studentischen Anforderungen zu orientieren scheinen, sind oft nicht ganz »astrein«[5].

7. Zur Klarstellung: Sie können die nachstehende Checkliste benutzen, um eine in gewisser Weise stromlinienförmige Arbeit zu verfassen. Das hört sich im ersten Augenblick widerlich opportunistisch an – ist es aber nicht. In formaler Hinsicht ist es nicht schändlich, stromlinienförmig zu schreiben. Eher im Gegenteil. Was Ihre inhaltliche Position betrifft, werden Sie im folgenden keine Anleitungen finden. Beachten Sie aber die gelegentlichen Hinweise zum Thema »herrschende Meinung«.

8. Eine Orientierung für den angemessenen Sprachgebrauch kann oft das Gesetz geben. Allerdings ist bei manchen etwas angestaubt wirkenden Formulierungen (*in Gemäßheit des* anstatt *gemäß* in § 645 I a. E. BGB, *vermöge dessen* anstatt *durch das* in § 930 BGB, *Frauensperson* statt *Frau* in § 825 BGB) Zurückhaltung geboten – das BGB beispielsweise ist immerhin 100 Jahre alt. Schon beim kaum 50 Jahre alten Grundgesetz ist Vorsicht am Platz (Art. 6 II 1 GG: *Pflege und Erziehung der Kinder sind das natürliche Recht der Eltern und die zuvörderst ihnen obliegende Pflicht.*).

Da man nicht alles wissen kann und auch die vorliegende Sammlung nur Beispiele enthält, empfiehlt sich die gelegentliche Anschaffung und häufige Nutzung der Standardliteratur aller schreibenden Menschen[6].

---

5 Vgl. z.B. Habermeier, JuS 1994, L 76 ff.: *zweifellos, eindeutig, selbstverständliche Pflicht, ohne weiteres erfüllt, völlig zu Recht, Beiläufig wird darauf hingewiesen, daß ...* etc.

6 Das sind insbesondere die Duden-Bände 1 (Rechtschreibung), 4 (Grammatik), 5 (Fremdwörterbuch) und 9 (Richtiges und gutes Deutsch); daneben Reiners, Ludwig: Stilkunst – Ein Lehrbuch deutscher Prosa, überarbeitete Ausgabe München 1991 – daß Reiners der Ausbildung nach Jurist war, merkt man an etlichen seiner Beispiele. Der Hinweis auf Reiners mag übrigens auch einer weiteren Klarstellung dienen: Der vorliegende Text ist keine Stilfibel; wenn auch hier der juristischen Sprache mehr Aufmerksamkeit gewidmet wird als in »Kochbüchern« üblich, so können trotzdem nur die schlimmsten Katastrophen angesprochen werden. Stilistischen Feinschliff möge sich der Leser durch eifrige Radbruch-Lektüre erarbeiten. Lesenswert hinsichtlich sprachlicher Entgleisungen hauptsächlich jenseits des Juristischen ist im übrigen das luzide kleine Wörterbuch von Henscheid, Eckhard: Dummdeutsch, 3. Aufl. 1995, Paperbackausgabe bei Reclam; ausdrücklich an »Rechtswahrer« wendet sich Grunau, Martin:

● **Rechtschreibungs-, Zeichensetzungs- und Tippfehler** sind in der Klausur vielleicht noch verzeihlich, sprechen aber besonders im Falle massiven Auftretens und jedenfalls in Hausarbeiten eine deutliche Sprache. Leider ist das Niveau mancher Arbeiten in dieser Hinsicht wirklich erbärmlich[7]. Vorwerfbar ist dabei nicht das Fehlermachen, sondern das Fehler-nicht-Korrigieren(-lassen). Im Extremfall führen zu viele Fehler zur Abwertung[8].

– Traditionell fehleranfällig ist die **Abgrenzung** *das* / *daß* (uralt, aber gültig: Kann man *dieses, jenes, welches* sagen, dann *das*, sonst immer *daß*)

Fehlende oder überflüssige **Satzzeichen** können dem Leser das Verständnis erheblich erschweren. Zum Teil verändern Feinheiten bei der Interpunktion sogar den Sinn:

> *Der brave Mann denkt an sich selbst zuletzt.*

oder

> *Der brave Mann denkt an sich, selbst zuletzt.*[9]

Weiteres Beispiel:

> *Nazis töten sofort!*

oder

> *Nazis töten, sofort!*[10]

Plastisch auch

> *A meint, B habe eine strafbare Handlung begangen.*

oder

> *A, meint B, habe eine strafbare Handlung begangen.*

---

Spiegel der Rechtssprache, Flensburg 1961 (vergriffen). Juristische Stilblüten präsentiert Frings, Heinz-Albert: Der Sachverhalt geht aus dem Fall nicht heraus, Frankfurt/Main 1996.

7 Merke: Das Abitur zu haben genügt nicht; man muß es immer wieder unter Beweis stellen. Mit anderen Worten: Ihre Erfolgsaussichten korrelieren direkt mit dem Grad Ihrer Alphabetisierung. Unter anderem. Einschlägige Defizite kann man – einem verbreiteten Fehlurteil zum Trotz – auch im Erwachsenenalter noch ausgleichen. Die betreffenden Kurse heißen, je nach Zielgruppe und Niveau, »Konstruktion und Interpretation komplexer alphanumerischer Zeichenketten« oder »Deutsch in Wort und Schrift II«.

8 VGH Mannheim, NJW 1988, 2633 f.

9 Wie hat es Schiller (Wilhelm Tell, 1. Aufzug, 1. Szene, Zeile 139 nach der Zählung der Säkular-Ausgabe in sechzehn Bänden, Stuttgart/Berlin 1905, zugänglich über Reclams Universal Bibliothek, Bd. 12) geschrieben? Wie hat er es gemeint?

10 Wie hat es der anonyme Graffiti-Künstler (Hauswand Jordanstraße 8, nahe der Uni Frankfurt) geschrieben? Wie hat er es gemeint?

Man kann natürlich die Regel, daß vor einem *daß* immer ein Komma steht, umgehen, indem man das *daß* zum *das* entschärft. Aber um welchen Preis … :

*Damit ist festgestellt das eine Eigenschaft zugesichert ist.*

Gleichermaßen beliebt wie **falsch** ist auch die Kennzeichnung von Vergleichen durch Kommata:

*Das ist aber weniger überzeugend, als die oben dargestellte Ansicht, die* …

*A ist also genauso strafbar, wie es sein Mittäter B ist.*

Selbst ein fehlender Doppelpunkt kann verwirren:

*Polizeipräsidenten fordern: Heroin vom Staat*[11]

oder

*Polizeipräsidenten fordern Heroin vom Staat.*

## – Getrenntschreibung
*A begann mit B ein Gespräch, in dem er ihn fragte, ob* … ist etwas anderes als *A begann mit B ein Gespräch, indem er ihn fragte, ob* … ;

*Die Klage ist zulässig* und *Die Klage ist zu lässig* beschreiben verschiedene Situationen.

## – Sinnentstellende Tippfehler
*Das Gesetz findet auch auf neue Kreditarten Anwendung* unterscheidet sich in einer wichtigen Nuance von *Das Gesetz findet auch auf neue Kreditkarten Anwendung* – ähnlich *Das Vorgehen des T ist nicht zu mißbilligen* und *Das Vergehen des T ist nicht zu mißbilligen*, *Nichtbeachtung eines Warnzeichens* und *Nichtbeachtung eines Warenzeichens*. Problematisch auch *Der Schutz von Diskriminierungen* … anstatt *Der Schutz vor Diskriminierungen* …, *KGB* statt *HGB*, *unstrittig* statt *umstritten* oder *Mühsam nährt sich das Eichhörnchen* statt *Mühsam nähert sich das Eichhörnchen*. Unterscheiden Sie auf jeden Fall zwischen *uniformierten* und *uninformierten* Beamten.

Schreiben Sie nicht *A hat also einen Anspruch gegen B aus § 823 I BGB*, wenn Sie *A hat also keinen Anspruch gegen B aus § 823 I BGB* meinen. Das führt den Leser nur in die Irre. Auch ein vergessenes oder überflüssiges *nicht* kann irritierend wirken[12].

Beliebter Fehler: Es heißt nicht *Rechtssprechung* (was wäre das Gegenteil?), sondern *Rechtsprechung* (was ist hier das Gegenteil?), anders aber *Rechtsordnung*, zweifelhaft *Schadenersatz* (Duden) / *Schadensersatz* (BGB); nicht *belasteter Verwaltungsakt*, sondern *belastender Verwaltungsakt*.

---

11  Spiegel-Titel Nr. 5/1997.
12  Z.B. LG Köln, NJW 1995, 1621, 1622, Ende dritter Absatz.

Wenn Sie Ihre Arbeiten von anderen Leuten tippen lassen, müssen Sie besonders gründlich gegenlesen, weil das Personal im Schreibbüro sich nicht immer mit juristischer Terminologie auskennt. Besonders gilt dies für Eigennamen im Literaturverzeichnis und in Fußnoten.

Gewöhnliche Tippfehler kann man bis zu einem halbwegs befriedigenden Grad mit der Rechtschreibprüfung des Textverarbeitungsprogramms[13] finden und korrigieren. Ein solcher Korrekturlauf entbindet Sie aber nicht von der Obliegenheit, selbst noch einmal das Manuskript durchzusehen.

Nur ausnahmsweise sinnentstellend wirken **Fehler bei der Silbentrennung**. Achten Sie aber immerhin auf den Unterschied zwischen

*G wurde von einem herabstürzenden Baum-*
*ast verletzt*

und

*G wurde von einem herabstürzenden Bau-*
*mast verletzt.*

Irritationen des Lesers sind auch möglich bei

*Das ist nur ein Politik-*
*ersatz.*

und

*Das ist nur ein Politi-*
*kersatz.*

– **Tempus** (Zeitform)
Manchmal kommt es auf die korrekte Verwendung der Vergangenheitsform an:

*T muß Vertretungsmacht haben*

bringt bei weitem nicht so deutlich zum Ausdruck, was gemeint ist, wie

*T muß Vertretungsmacht gehabt haben.*

Bei der letzten Formulierung wird klar, daß Voraussetzung für die Zurechnung einer Willenserklärung zum Vertretenen nicht die fortdauernde Vertretungsmacht ist, sondern die Vertretungsmacht des Stellvertreters bei der Abgabe der Erklärung.

Der Sachverhalt gibt üblicherweise vergangene Geschehnisse vor. Werden diese im Gutachten wiederholt, sollte das im Imperfekt oder Perfekt geschehen.

---

13 Dazu unten S. 139.

Meist ist das Perfekt am schönsten. Die Beantwortung der Fallfrage (*Was kann A tun? / Hat B einen Anspruch? / Wie ist die Rechtslage?*) erfolgt im Präsens (*A kann kündigen. / B hat keinen Ersatzanspruch. / Die Rechtslage ist kompliziert.*). Dies gilt nicht nur für die Ergebnissätze selbst, sondern auch für das Gutachten, aus dem diese abgeleitet werden. Es geht um eine Darstellung der gegenwärtigen Rechtslage.

– **Satzbau**

Zwischen *Eine Anfechtungsmöglichkeit ist in der Konkursordnung nicht ausdrücklich vorgesehen* und *Eine Anfechtungsmöglichkeit ist in der Konkursordnung ausdrücklich nicht vorgesehen* besteht ein erheblicher, nämlich sinntragender, Unterschied – ähnlich ist das bei *Der Beweis des Gegenteils ist nicht eindeutig erbracht* und *Der Beweis des Gegenteils ist eindeutig nicht erbracht*. Achten Sie deshalb beim Schreiben und besonders beim Überarbeiten auf die Reihenfolge der Wörter und Sätze. Vorsicht: Unbedachtes Hin- und Herkopieren mit dem PC kann enormes Chaos anrichten.

– **Genitiv**

Es gibt Gelegenheiten, bei denen eine gewisse Genauigkeit hilfreich ist.

*Die Kündigung des A* beispielsweise ist unklar: Handelt es sich dabei nun um *Die Kündigung des A gegenüber B* oder um *Die von B dem A ausgesprochene Kündigung*? In Fällen, in denen Arbeitgeber und Arbeitnehmer einander kündigen, sollten Sie deswegen nicht mit dem Genitiv arbeiten.

Überhaupt: Die Gerichtssprache ist deutsch (§ 184 GVG), nicht etwa hessisch: *anderst, besser als wie* und der hessische Genitiv (*Wegen dem / Trotz dem besseren Argument* ...) etc. sollten in der Schriftsprache nicht verwendet werden.

Die richtige Verwendung des Genitivs ist verdienstvoll; man muß es aber auch nicht übertreiben:

*... ein Gutachten zur Frage der Möglichkeit der Fortsetzung der Tätigkeit des Klägers ...*

**Zur Lernkontrolle:**

*Vorraussetzung für einen Anspruch aus § 325 I 1 ist das ein entgeldlicher Vertrag zustandegekommen ist.*

In der Sache ist das ganz richtig; in der Sprache verfehlt es nur knapp den Super-GAU. Zehlen sie die Fehler; wen sie weniger als fier vinden: Weitersuchen!

Beliebt auch: *Interresse, pottentiell, Internas, Priviligierung, seperat, Subsumption* (nicht falsch, aber inzwischen ganz ungebräuchlich) / *Konsumption, wiederrufen, fechtet an* und viele andere mehr.

Derlei Kleinigkeiten ziehen die Aufmerksamkeit des Lesers von Wichtigerem ab.

Der Umstand, daß Deutsch nicht Ihre Muttersprache ist, bildet nicht immer einen Anlaß für Nachsicht. Bitten Sie also jemanden um Hilfe beim Korrekturlesen. Möchten Sie einen »Nicht-Muttersprachler-Bonus« in Anspruch nehmen, sollten Sie das – etwa auf dem Deckblatt der Klausur – bekanntgeben.

Zur Klarstellung: Bei den vorstehenden Hinweisen geht es nicht um die Beherrschung von Feinheiten der deutschen Orthographie (Typ: Mit wievielen *f* schreibt man *Stofffrosch* und warum?), sondern nur darum, die Fehler zu vermeiden, die dem Leser ins Gesicht springen.

- **Vollständige Sätze**
  Ein deutscher Hauptsatz enthält ein Subjekt, ein Prädikat und oft ein Objekt. Die beiden erstgenannten sind unentbehrlich. Was ist unter diesem Gesichtspunkt von Sätzen wie dem folgenden zu halten?

    *Anders derjenige, der, indem er eine damit in gewissem Zusammenhang stehende Berufstätigkeit ausübt und sich dafür dem Publikum anbietet, eine Verantwortung dafür übernimmt, daß da, wo von seinen Diensten Gebrauch gemacht wird, ein geordneter Verlauf der Dinge gewährleistet ist.*[14]

- **Zu lange Sätze bzw. Schachtelsätze** lassen auf eine schlechte Strukturierung schließen und wirken unübersichtlich. Zwischen juristischen Übungsarbeiten und der Thomas Mann-Werkausgabe bestehen mehrere wichtige Unterschiede: Bei ersteren muß man beispielsweise mit Lesern rechnen, die vom Lesen anderer, eventuell schlechter Arbeiten entnervt und daher nicht mehr sehr fehlertolerant sind oder die nach Mitternacht arbeiten und sich deswegen nicht mehr gut konzentrieren können.

Man sollte daher darauf achten, daß die Denkschritte sich in möglichst nur einen Haupt- und einen Nebensatz gliedern. Kollidieren allerdings die Anforderungen »kurze Sätze« und »präzise Aussagen«, so ist letzterer der Vorzug zu geben: Niemand muß bis zur inhaltlichen Entstellung oder bis zur sprachlichen Primitivität vereinfachen.

Es gibt zwar keine festen Grenzen, aber ab ca. fünf Zeilen pro Satz bei gängiger Formatierung besteht begründeter Anlaß zum Mißtrauen.

Drei harmlose Beispiele:

*Auch Fechner wird nicht leugnen können, daß weite Teile der Arbeiterschaft – wie auch der übrigen Angehörigen des Volkes, gleichgültig welchem Stande sie auch immer angehören – in Zeiten, in denen der Gürtel sehr eng geschnallt werden mußte, mit ihrer Freiheit weit mehr anzufangen wußten, als*

---

14  RGZ 107, 372, 375.

*heute, wo ja unzweifelhaft gerade auch die Arbeiterschaft in starkem Maße an dem allgemeinen Wohlstand partizipiert.*[15]

*Im Regelfall wird die Existenz einer solchen Vorschrift und deren Anwendung durch die Prüfungsbehörde genügen, um den von manchen enttäuschten Kandidaten bei Gericht geltendgemachten Vortrag, er habe im Gegensatz zu anderen Prüflingen nicht getäuscht und daher aus einem ordnungswidrigen Verhalten keinen Vorteil ziehen können, was eine Verletzung des Grundsatzes der Chancengleichheit darstelle, der das solchen Mißbrauch ermöglichende Prüfungssystem verfassungswidrig erscheinen lasse, ohne weiteres zu entkräften.*[16]

*Allein vom technischen her ist es daher durchaus möglich, daß auch einmal unterstellt, die seitens der Beklagten aufgestellte Behauptung würde zutreffen, daß der LKW vor dem geschlossenen Schlagbaum stand und dabei bereits zu einem Teil am klägerischen Fahrzeug vorbeigefahren war, daß aufgrund der zwei lenkbaren Achsen dann beim weiteren Anfahren des LKWs mit dessen hinteren Teil eine andere Fahrspur gefahren worden ist als mit dem vorderen Teil des LKWs, so daß dann mit dem hinteren Teil des LKWs eine Berührung zwischen den beiden Fahrzeugen stattfinden konnte.*[17]

Kurze Sätze allein garantieren noch nicht für leichte Verständlichkeit:

*Die materielle Rechtslage ist die tatsächliche. Zu prüfen ist folglich, wer tatsächlich das Recht erworben hat. Dazu kommt es maßgeblich auf die tatsächliche Rechtslage an. Inhaber des tatsächlichen Rechts könnte K sein. Tatsächlich war K eingetragen. Möglicherweise ist allerdings auf weitere materielle Gründe abzustellen.*

- **Häufungen von Füllwörtern**

*aber, auch, durchaus, ja, z.T. freilich* etc.

Überflüssiges *dann*: (beispielsweise in § 13 I StGB)

*Ein Anspruch ist nur* **dann** *gegeben, wenn* …

Ähnlich: *Das ist* **deswegen / deshalb** nicht der Fall, weil …

Achten Sie auf Klarheit im Ausdruck. Ansatzpunkte sind Formulierungen wie:

− *Im Völkerrecht* statt *Auf dem Gebiet / Im Bereich des Völkerrechts*

− *enthalten* statt *beinhalten*

---

15  Leuze, Dieter, Die Entwicklung des Persönlichkeitsrechts im 19. Jahrhundert, Bielefeld 1962, S. 17f.
16  Jestaedt, JA 1984, 145, 146.
17  Aus einem Anwaltsschriftsatz.

– *Problem* statt *Problematik*

– *programmieren* statt *vorprogrammieren*

– *prüfen* statt *überprüfen.*

Auch die *potentielle Möglichkeit* und ähnliches können Sie kürzen! Für das floskelhafte *nach Sinn und Zweck* genügt meist *nach dem Zweck* (ähnlich *Art* für *Art und Weise*), für *durch aktives Tun* regelmäßig *durch Tun.*

Nicht sinntragende Füllsel der Größenordnung *im Rahmen des/r / von, ein/e gewisse/r/s, entsprechend* u. ä. kann man oft ersatzlos streichen.

Faustregel: Wenn man ein Drittel alles als überflüssig Verdächtigten streicht, bleibt noch genug übrig.

Erlaubt es die Zeit, kann man den Text wortweise darauf durchsehen, ob das einzelne Wort entbehrlich ist. Bei den genannten kleinen Füllwörtern hilft der Suchbefehl des PC.

Echte Puristen kürzen zum Schluß silbenweise: Für *keinerlei* genügt meist schon *kein(e).* Und so weiter.

- **Zu viele Parenthesen** erwecken schnell den Eindruck, der Verfasser schreibe, wie er spricht. Manche Klammer läßt sich ganz streichen (mit oder ohne Inhalt, der nicht ohne Grund als weniger wichtig in einer Klammer steht) oder – lesefreundlicher – durch Gedankenstriche ersetzen. Ansonsten: Lieber zwei kurze präzise Sätze als ein langer unübersichtlicher, denn ein Einschub – egal ob durch Klammern oder Gedankenstriche von dem eigentlichen Text abgetrennt – unterbricht (in den meisten Fällen) den Gedankengang.

    Beispiel: *Die Schwierigkeiten potenzieren sich, wenn der »Dritte« den Leistungsgegenstand aus eigenem Vermögen in das Vermögen des Empfängers der Leistung (der gleichzeitig Gläubiger ist, aber regelmäßig nicht gegenüber dem Erbringer der Leistung) übermittelt und durch diesen Vorgang (gegenüber dem Schuldner des Leistungsempfängers) auch einen eigenen Leistungszweck verfolgt (Erfüllung einer eigenen Schuld im Deckungsverhältnis).*[18]

- **Aufzählungen** (wie in diesem Text mit herausgestellten Punkten, Strichen etc.) sind in Gutachten unüblich. Verwenden Sie sie nur, wenn sie der Übersichtlichkeit wirklich und unmittelbar dienen. Vermeiden Sie sie, wenn sie nur den Sinn haben, Ihnen das Formulieren vollständiger Sätze zu ersparen.

    Zweckmäßig kann aber beispielsweise die Aufzählung verschiedener Schadenspositionen im Obersatz sein, die dann später einzeln abgearbeitet werden.

---

18 Koppensteiner, Hans-Georg / Kramer, Ernst A., Ungerechtfertigte Bereicherung, Berlin etc. 1988, S. 24.

● **Direkte Fragen** im Text und in Überschriften

*Ist danach nun ein Vertrag zustandegekommen?*

werden besser umformuliert in:

*Zu fragen ist nun / Es kommt also darauf an / Fraglich / Zweifelhaft / Problematisch / Entscheidend ist, ob ein Vertrag zustandegekommen ist.*

In Überschriften sollten Sie Fragen nur zurückhaltend verwenden, am besten nur bei den Merkmalen, die Sie im Ergebnis verneinen werden.

● **Unnötige Verallgemeinerungen oder Einschränkungen**

– Verallgemeinerungen bergen die Gefahr falscher Aussagen, obwohl das für den konkreten Fall gefundene Ergebnis stimmt.

– Unnötige Einschränkungen und Relativierungen (beliebt: *insoweit*) lassen auf geringes Vertrauen des Verfassers in die Richtigkeit seiner Aussagen schließen.

● **Präziser Ausdruck**

Achten Sie darauf, so exakt wie möglich zu formulieren. Das ist schwer, aber nicht unmöglich. So erleichtern Sie sich selbst und dem Leser, den Punkt zu finden, an dem Ihre Gedanken in die Irre gehen.

Die Verständigung über juristische Probleme ist schwierig genug; wenn Sie sich noch dazu ungenau ausdrücken, kompliziert das die Dinge unnötig.

Beispiele: – Oft ist in Übungsarbeiten von *Verschulden* die Rede, wo es eigentlich um *Vertretenmüssen* geht. Wenn Ihnen der Unterschied nicht klar ist, lesen Sie §§ 276 ff. BGB.

– Sie sollten nicht von der *Firma* (definiert in § 17 I HGB) sprechen, wenn Sie das *Unternehmen* oder die *Gesellschaft* meinen; in der Alltagssprache ist das sehr verbreitet.

– Nach der Konstruktion des Gesetzes (§ 142 I BGB) werden nicht *Verträge* angefochten, sondern einzelne der ihnen zugrundeliegenden *Willenserklärungen*.

– Auseinanderzuhalten sind (nicht trotz, sondern gerade wegen der ähnlichen Begriffe) *Scheingefahr* und *Anscheinsgefahr*, *Handeln in fremdem Namen* und *Handeln unter fremdem Namen*, *Sofortvollzug* (§ 47 II HSOG), *sofortige Vollziehung* (§ 80 II Nr. 4 VwGO, die übrigens richtigerweise *sofortige Vollziehbarkeit* heißen müßte) und *unmittelbare Ausführung* (§ 8 HSOG) usw.

– Bei Aufrechnungsfragen ist zu unterscheiden zwischen *Aufrechnung mit* und *Aufrechnung gegen*. Das wird etwa an § 393 BGB deutlich: Die Aufrechnung durch den Schuldner der deliktischen Forderung (also durch den Schädiger) heißt *Aufrechnung gegen die deliktische Forderung* und ist unzulässig, die Aufrechnung durch den Gläubiger (also durch den Geschädigten) heißt *Aufrechnung mit der deliktischen Forderung* und ist unbedenklich. *Gegen* bezieht sich auf die Forderung desjenigen, *der* die Aufrechnung erklärt, *mit* auf die Forderung desjenigen, *dem* sie erklärt wird – klar?

– *Vergrößerung um das Doppelte* ist nicht das gleiche wie *Vergrößerung auf das Doppelte, dasselbe* ist nicht dasselbe wie *das gleiche.*

– Zwischen *Die Versammlungsfreiheit ist grundgesetzlich geschützt* und *Die Versammlungsfreiheit ist grundsätzlich geschützt* liegen feine Bedeutungsunterschiede.

– *Nach § 276 handelte N fahrlässig, da er seine Sorgfaltspflicht gegenüber den Kühen außer acht ließ.* Hier verkennt der Verfasser einer Übungsklausur, daß nicht die Kühe Gläubiger der Sorgfaltspflicht sind, sondern die Nachbarn, deren Eigentum N vor den marodierenden Kühen zu schützen hatte.

Ein Hinweis darauf, daß man selbst nicht so genau verstanden hat, was man geschrieben hat, ist die umformulierte Wiederholung eines Satzes oder Absatzes, eingeleitet durch *Mit anderen Worten: ...*

Oft genug kann man es aus einer Übungsarbeit genau herauslesen, wenn der Verfasser etwas einfach abgeschrieben hat, ohne es zu verstehen. Man erkennt das am unpräzisen Ausdruck und daran, daß Stellen, die der Verfasser selbst nicht verstanden hat, in seiner Arbeit ebenfalls unverständlich sind.

Eindeutigkeit im sprachlichen Ausdruck wird in Anleitungsbüchern aller Art immer wieder angemahnt. Wiederum gilt: Leichter gesagt als getan. Zumal kaum jemand erklären kann oder will, was sprachliche Klarheit bedeutet. Immerhin ein

Beispiel:  *1996 erwarb B das bis dahin von A gemietete Hausgrundstück.*

Hier wird nicht klar, ob B das Grundstück von A erworben hat, von dem er es vorher auch gemietet hatte, oder ob er das bislang von einem Dritten an A vermietete Grundstück erworben hat.

● **Unverständliche Formulierungen**
Überschätzen Sie nicht Intelligenz und Konzentrationsvermögen Ihrer Leser! Die nachstehenden Beispiele lassen sich alle verständlicher formulieren.

– *Im gegebenen Fall kann man höchstens von einer Mitquasikausalität sprechen.*

– *Diese Freiheit jedoch nicht die Bindung an die Verfassung ausschalte.*

– *Die Auslegung eines Begriffes dient zur Vermittlung des Sinnes eines Textes, der eine Problematik beinhaltet, die verstanden werden muß um mit diesem Text, hier ist es der Inhalt eines Gesetzes.*

– *Es lassen sich auch in der objektiven Theorie, wie in der subjektiven, Anwendungsprobleme im Ergebnis finden, die hier eine Unberücksichtigung befürworten würden.*

Nur mit Wohlwollen verständlich sind

– *R hat also einen Gewinnverlust gemacht.* – Gemeint war entgangener Gewinn.

– *Das bestandene Arbeitsverhältnis ...* – Gemeint war das ehemals bestehende, inzwischen aufgelöste Arbeitsverhältnis.

Was der Verfasser nicht verständlich ausdrückt, wird oft als nicht vorhanden betrachtet. Das heißt: Unklarheiten gehen zu Ihren Lasten. Deswegen: Lassen Sie das Gutachten gegenlesen, vielleicht auch einmal von Nichtjuristen.

Nicht unverständlich, aber auch nicht ganz eindeutig ist

> *A sagt, B sei mit seinem PKW in einem Zug am LKW des C vorbeigefahren.*

● **Pronomina** erlauben oft keine klare Zuordnung:

> *Nachdem Presseberichte über solche Verschwendungen öffentliche Proteste nach sich zogen, wurden sie abgeschafft.*

Wer wird hier abgeschafft: die Presseberichte (na endlich!), die Verschwendung von Steuergeldern (na endlich!) oder die öffentlichen Proteste (na endlich!)?

Noch deutlicher wird das Problem bei **Personalpronomina**:

> *Der Sohn des S, der zwischenzeitlich DM 500,- an G gezahlt hat, hat gegenüber dem G die Aufrechnung erklärt.*

Wer hat nun gezahlt: S oder sein Sohn?

> *A sagte B, er sei zur Zahlung verpflichtet.*

Es wird nicht klar, ob A sich selbst oder B für verpflichtet hält.

In solchen Fällen muß sich die Information zumindest eindeutig aus dem Zusammenhang ergeben; am besten ist es aber, den Satz umzustellen.

● **Trivialitäten / Banalitäten / Platitüden**

> *Damit geht das Gesetz in seiner Intention davon aus, daß mögliche Konfliktsituationen, die aus der Abtretung von Forderungen entstehen, gelöst werden müssen.*

Hier schreibt der Korrektor nur Giftiges im Stil von »Wer hätte das gedacht?« an den Rand.

● **Altkluge und oberlehrerhafte Bemerkungen** geben dem Leser leicht ein Gefühl der fachlichen Unterlegenheit gegenüber dem Verfasser; viele Leser können das aber nicht gut vertragen, besonders wenn es nicht der Wirklichkeit entspricht.

Typische Vokabel: *Bekanntlich ... –* besser: *Wie sich aus 〈 Norm 〉 ergibt, ...*

● **Bestimmte Vokabeln,**
insbesondere

*unzweifelhaft, außer Zweifel, zweifelsfrei, zweifellos, offenkundig, offensichtlich, unproblematisch, problemlos, evident, eindeutig, unzweideutig, erkennbar, natürlich, gewiß, ohne weiteres, sicher(lich), selbstverständlich, mit Sicherheit, keinesfalls, unter allen/keinen Umständen, es versteht sich von selbst, fraglos, es bedarf keiner Frage, es liegt auf der Hand, es braucht nicht näher begründet zu werden, es kann keine Rede davon sein*

sowie Wendungen folgender Art

*– Die Forderungen des K sind völlig / total / gänzlich abwegig und absurd.*

*– Das kann dem B auf keinen Fall zugemutet werden*

*– Daß das nicht zutrifft, liegt auf der Hand*[19]

weisen auf Unsicherheiten des Verfassers hin. Diesen Eindruck kann man ohne weiteres (!) vermeiden. Die Verwendung der genannten Ausdrücke ist auf die Fälle zu beschränken, in denen der Leser gar keine andere Ansicht haben kann. Das ist ziemlich selten; Richtwert: ca. einmal auf 100 Textseiten. Selbst dann ist es aber geschickter, den betreffenden Satz als schlichte Aussage zu formulieren.

Häufig finden sich kurze Sätze mit den genannten Vokabeln im Anschluß an zu umfangreich geratene Definitionen unproblematischer Merkmale. Versuchen Sie dann, den »unproblematisch«-Satz an den vorstehenden Satz anzuschließen.

Satzeinleitungen mit

*Vermutlich, wahrscheinlich* etc.

machen den logischen Zusammenhang Ihrer Ableitungen angreifbar[20].

Auch

---

19  OLG Düsseldorf, NJW-RR 1996, 1112.
20  Zu Unterstellungen und den dafür typischen Wörtern S. 142.

*wohl, eigentlich, relativ, verhältnismäßig, mehr oder weniger, an und für sich, ziemlich,* zum Teil auch *insofern/insoweit* und *entsprechende/r/s* u. ä.

sollten Sie nur zurückhaltend einsetzen, weil sie Unsicherheit signalisieren oder jedenfalls als Füllwörter überflüssig sind.

- **Zu blumige Ausdrucksweise**

> *Das ist eine himmelschreiende Ungerechtigkeit.*

Juristische Sprache bezieht ihren Reiz aus einer gewissen Trockenheit (schöner: Sachlichkeit), die sich mit einer zu bildhaften Wortwahl nicht recht verträgt. Nur manchmal greift auch die Rechtswissenschaft zu Bildern, etwa bei der »schwebenden Unwirksamkeit«.

Wenn man sprachliche Bilder, Metaphern und ähnliches benutzt, sollte man darauf achten, nicht »aus dem Bild zu fallen«. Rhetorische Figuren werden am besten sorgfältig dosiert und eher beiläufig eingesetzt, sonst entsteht schnell der Eindruck, man habe an der Form mehr gefeilt als am Inhalt. Schon der Euphemismus ist übrigens eine rhetorische Figur (bekannte Beispiele: *Ableben* statt *Tod, finaler Rettungsschuß* statt *gezielter Todesschuß*; im übrigen heißt es *Schwangerschaftsabbruch*, nicht *Unterbrechung der Schwangerschaft*[21] – wie hätte man sich letzteres auch vorzustellen?).

- **Kanzleisprache**

Die erwünschte schlichte und sachliche Diktion darf andererseits nicht so weit gehen, daß Sie in eine – meist schwache – Kopie der Kanzleisprache vergangener Jahrhunderte verfallen:

> *Zufolge und nach näherer Maßgabe des § 8a I 1 StVG gilt die Halterhaftung auch gegenüber dem Insassen des Fahrzeugs, wenn . . .*[22]

Eine gewisse Abstraktheit im Ausdruck fällt jedem auf, der sich zum ersten Mal mit Rechtssprache auseinandersetzen muß. Diese kann man nachahmend erlernen. Indessen ist hier übermäßiger Eifer fehl am Platz. Wenn etwa Deutsch schreibt: *Spielplätze: Die Verkehrspflicht ist hier dem besonderen Risiko der Benutzung durch junge Personen anzupassen*[23], hätte man wohl ohne allzu herben Verlust an Genauigkeit auch von *Kindern* sprechen können.

- **Sprachliche Nachlässigkeiten**
  - Fälle *löst* man nicht, man *entscheidet* sie. *Lösung* klingt, als gäbe es nur eine. Das stimmt meist nicht: Es sind eben weder Mathematikaufgaben noch Kriminalfälle.

---

21  So aber BGHZ 7, 198, 199.
22  BGHZ 114, 348, 350.
23  Unerlaubte Handlungen, Schadensersatz und Schmerzensgeld, 3. Aufl., Köln etc. 1995, Rn. 269.

– Es gibt auch keine gleich / ähnlich *gelagerten* Fälle; wo sollten diese auch gelagert sein? Sie können höchstens ähnlich *liegen / sein*.

– Wenn Sie über die richtige Verwendung von Fachtermini unsicher sind, sollten Sie nicht blind schießen: *Verschuldensprinzip* (Schuldrecht) ist etwas anderes als *Verschuldungsprinzip* (Haushaltsrecht), *Haftungsbedingungen* (Zivilrecht) etwas anderes als *Haftbedingungen* (Strafvollzugsrecht), und auch *Delinquent* (Strafrecht) und *Derelinquent* (Zivilrecht, Polizeirecht) müssen nicht dieselbe Person sein, genauso wenig wie *Besitzer* und *Beisitzer*. Beachten Sie auch die subtilen Unterschiede zwischen *anscheinend* und *scheinbar* oder *Nießbrauch* (Zivilrecht) und *Mißbrauch* (fast überall); *Schuldverhältnis* und *Schulverhältnis*. Massive materiellrechtliche Fehler lauern, wenn Sie *Geschäftsführungsbefugnis* und *Vertretungsmacht*[24] *verwechseln*.

– *Nennen Sie die T-GmbH* nicht einfach nur *T*. Dabei geht eine eventuell wichtige Information verloren.

● **Fremdwörter**
Übertreiben Sie den Gebrauch von Fremdwörtern nicht.

Beispiele: Die in der rezenten Judikatur *vom Großen Senat des BGH praktizierte retroaktive Substitution zweier Raubqualifikationen* …[25], *Einerseits ist der Geldanspruch nur als ultimum remedium anzusehen, auf das der Verletzte nur insoweit rekurrieren kann, als* …[26].

*Das vom Verfassungsgeber normierte Rechtsinstitut »Ehe« transzendiert die konkrete Funktionalität der je einzelnen Ehe, ohne dadurch seine Finalität und Grundstruktur zu verlieren.*[26a]

Für viele xenoglotte Expressionen existieren adäquate teutsche Äquivalente.[27]

Faustregel: Man sollte Fremdwörter nur einsetzen, wo gleichbedeutende deutsche Wörter fehlen. Eine Arbeit verliert durch diesen Verzicht nicht ihren wissenschaftlichen Charakter.

Die falsche Verwendung von Fremdwörtern blamiert mehr als die richtige beeindruckt:

---

24 Die Geschäftsführungsbefugnis bezeichnet im Gesellschaftsrecht das rechtliche Dürfen im (Innen-) Verhältnis zu den Mitgesellschaftern, die Vertretungsmacht das rechtliche Können im (Außen-)Verhältnis zu gesellschaftsfremden Dritten.
25 Welke, KJ 1995, 369, 375.
26 Kötz, Hein, Deliktsrecht, 7. Aufl., Neuwied 1996, Rn. 642.
26a Pauly, NJW 1997, 1955.
27 Zur Selbstkontrolle: Welches der vorstehenden Wörter findet sich nicht im Fremdwörterduden?

– *Der Vorsatz ist im Tatbestandsmerkmal Arglist intendiert.*[28]

– *Das Recht auf informelle Selbstbestimmung ist dadurch verletzt.*[29]

– *Anwohner mußten evakuiert werden. (Die Armen!)*[30]

Es gibt keine *zweite* oder sogar *dritte Alternative* – warum nicht?[31]

Unterscheiden Sie zwischen *kollaborieren* und *kollabieren.*

Allerdings sollte man nicht so weit gehen, in fröhlicher Deutschtümelei jedes *Problem* durch eine *Schwierigkeit*, jeden *Kommentar* durch ein *Erläuterungswerk* zu ersetzen. Auch wird sich kaum noch jemand an *relativ* anstatt *verhältnismäßig* stören. Bei einigen wenigen Vokabeln ist die deutsche Übertragung eher unschön: Wenn nur *Förmelei* zur Auswahl steht, kann man es bei *Formalismus* belassen, ähnlich bei *Zerknalltreibling* und *Automobil.*

Für *enumerativ* darf man aber schon einmal *abschließend* sagen, für *konstituieren* vielleicht *begründen*; für *primär* kann man *in erster Linie* einsetzen, für *undolos* etwa *ohne Vorsatz*, für *valutieren* mit vielleicht *sich belaufen auf*, für *Judikatur Rechtsprechung*, für *subsidiär nachrangig*, für *konsequent folgerichtig* und für *in casu im vorliegenden Fall*. Nur zum Beispiel.

Ein Vorschlag zum Mittelweg zwischen Fremdworthuberei und eher flapsiger Wortwahl: Sagen Sie doch statt *Zuckerbrot und Peitsche* oder *positive und negative Sanktionierung* einfach *Belohnung und Bestrafung.*

Mögliches Kriterium: Benutzen Sie nur Fremdwörter, deren deutsche Bedeutung Sie kennen (*Idiosynkrasie, perhorreszieren*) und deren Aussprache Ihnen keine Schwierigkeiten bereitet (*Reziprozität, Authentizität, Plausibilität, Universität*).

Das soeben Gesagte gilt übrigens entsprechend für **lateinische Rechtssprich- und -stichwörter.**

Verträge wirken nicht *inter patres*, sondern *inter partes*. Entgegen einer verbreiteten Praxis heißt es richtig *condicio sine qua non*. Für *diligentia quam in suis* kann man nicht schöner, aber ebenso kurz *eigenübliche Sorgfalt* sagen. *Adäquität*[32] ist eine mißlungene Mischung aus *Adäquanz* und *Antiquität.*

In Zweifelsfällen können Sie ein Wörterbuch konsultieren[33].

---

28  Gemeint war vermutlich »Das Tatbestandsmerkmal Arglist bedeutet soviel wie Vorsatz«.
29  Gemeint war »informationelle Selbstbestimmung«.
30  »Evakuieren« bedeutet »entleeren«.
31  Zu einer Möglichkeit gibt es eine andere Möglichkeit, die Alternative. Anderenfalls spricht man nicht mehr von Alternativen.
32  BGHZ 57, 25, 29.
33  Liebs, Detlef: Lateinische Rechtsregeln und Rechtssprichwörter, 5. Aufl. München 1991; Lieberwirth, Rolf: Latein im Recht, 4. Aufl. Berlin etc. 1996; Filip-Fröschl, Johanna / Mader,

Zu dichtes Einstreuen lateinischer Satzsplitter in den laufenden Text macht schnell einen angeberisch-altphilologischen Eindruck. Natürlich kann es nicht schaden, gelegentlich ein kämpferisches *fiat iustitia pereat mundus*[34] fallen zu lassen oder an passender Stelle *summum ius summa iniuria*[35] zu seufzen; man zeigt auf diesem Weg dem Professor, daß man zu der kleinen Gemeinschaft derer gehört, die humanistische Bildung nicht nur schweigend genossen haben, sondern diese auch mit offenen Händen zur Beglückung des gemeinen Mannes auszuteilen gewillt sind. Irgendwie muß man sich schließlich vom akademischen Fußvolk abheben ...

Faustregel: Es geht auch ganz ohne; ansonsten: Latein lernen / wiederholen!
Merke: diligentia non nocet.

Daß Sie noch genug Kenntnisse aus dem Latein-Leistungskurs herübergerettet haben, wissen Sie, wenn Sie auf Anhieb sagen können, ob es stimmt,

– daß die Frau des vollmachtlosen Vertreters (§§ 177, 179 BGB) *falsa procuratrix* heißt und

– daß der Plural von »notwendige Bedingung« *conditiones sine quibus non*[36] lautet.

**Anglizismen** wirken weniger weltläufig als peinlich. *Das macht keinen Sinn* ist eben nicht halb so schön wie *It doesn't make sense, darling, does it?*

Niemand muß beweisen, daß er schon in den USA war. Das ist inzwischen eine Selbstverständlichkeit und wird – wenn überhaupt – durch Einfügen eines Initials bei der Namensnennung signalisiert: *John R. Ewing, LL. M. (University of Texas, Dallas)*. Es ist eher lächerlich, wenn man ständig mit *leading cases, dissenting opinions, law in action, judicial self-restraint, soft law* und dergleichen um sich wirft, besonders, wenn man den richtigen Terminus am falschen Ort einsetzt.

Versuchen Sie aber umgekehrt keine krampfhaften Eindeutschungen; für *Leasing- und Factoring-Verträge* haben sich zwischenzeitlich die Bezeichnungen *Leasing- und Factoring-Verträge* durchgesetzt.

● **Fachsprache außerhalb der juristischen**
Nicht alle Juristen sind aufgeschlossen gegenüber allen Nachbarwissenschaften; es gibt sogar einige, denen sogenanntes Soziologen- (*verorten, immunisieren* etc.)

---

Peter: Latein in der Rechtssprache, Wien 1990; Wenn Sie bei *Traditionsprinzip* nicht an das Übergabeerfordernis bei der Übereignung beweglicher Sachen, sondern an das Parteiprogramm der CSU denken, empfehlen sich Meyer, Dieter: Juristische Fremdwörter, Fachausdrücke und Übersetzungen, 10. Aufl. Neuwied 1993 und die Juristischen Wörterbücher von Creifelds oder Köbler.

34 Das bedeutet ungefähr: Es geschehe Gerechtigkeit, möge auch die Welt untergehen!
35 Zu übersetzen vielleicht mit: Höchstes Recht – größtes Unrecht!
36 So BGHZ 2, 138.

oder Sozialpädagogendeutsch (*Das müssen wir aber nun mal hinterfragen. ... Find ich echt gut, daß wir das mal kontrovers diskutiert haben.*) als schwammig gilt. Bedenken Sie das.

Auch die Sprache der Wirtschaftswissenschaften kann in juristischen Zusammenhängen zu Mißverständnissen führen: *Verträge kommen durch Angebot und Nachfrage zustande.* – Das ist zwar nicht ganz falsch, aber auch nicht ganz richtig.

Fachwörter aus Informatik und PC-Alltagswissen (*Dieser Standpunkt ist nicht kompatibel mit der Rechtsprechung des BGH zum ...*) sind ebenfalls vorsichtig zu verwenden, teilweise verursachen sie schlicht Stilbrüche.

- **Leerformeln / Floskeln**
Bestimmte Allgemeinplätze, Leerstellen und Phrasen finden sich in Lehrbüchern, Kommentaren und Entscheidungen immer wieder, etwa *... muß unter Abwägung aller Umstände des Einzelfalls entschieden werden.* Das ist angesichts zahlreicher Generalklauseln, wertausfüllungsbedürftiger Tatbestände, Ermessensnormen und normativer Merkmale nicht weiter verwunderlich. Trotzdem sollte man in Übungsarbeiten möglichst selten solche nichtssagenden Formulierungen einfach abschreiben und stehenlassen. Vielmehr sollen Sie subsumieren – das bedeutet konkretisieren, kritisieren, kleinarbeiten.

Der Gesetzgeber kann in die Generalklauseln flüchten, Sie nicht – Sie sollen sie doch gerade ausfüllen.

- **Passivitis**
Durch die Verwendung des Passivs ist es möglich, daß sich seitens des Subjekt des Schreibens keine Gedanken über das Subjekt des Geschriebenen gemacht werden

> *Es wird auch die Ansicht vertreten, ...*

Unter diesem Aspekt kann das Passiv sinnvoll sein; aber verwenden Sie es nicht zu häufig. Ersatzweise:

> *Ein Teil der Literatur steht auf dem Standpunkt, daß ...*

Statt *Es kann davon ausgegangen werden, daß ...* kann man es mit *Es ist davon auszugehen, daß ...* versuchen. Und so weiter.

- **Substantivitis** / Nominalstil
Dies ist eine typisch juristische Krankheit; früher oder später ist die Infektion unvermeidlich[37].

---

37 Plastisch Berg, Hans: Übungen im Bürgerlichen Recht, 10. Aufl. Berlin 1969, S. 173, der die Substantivsucht als »Krebsübel der Juristensprache« bezeichnet.

Beispiele: *Zur Sicherung des Anspruchs auf Einräumung oder Aufhebung eines Rechtes an einem Grundstück oder an einem das Grundstück belastenden Rechte oder auf Änderung des Inhalts oder des Ranges eines solchen Rechtes kann eine Vormerkung in das Grundbuch eingetragen werden.*[38]

oder

*Die Auflassung des Kaufgrundstücks steht der Abtretung des Anspruchs des Käufers auf Eigentumsverschaffung und der diesen Anspruch sichernden Vormerkung an einen Dritten nicht entgegen.*[39]

oder

*Im Verhältnis zum Geschäftsherrn ist aber die Ausübung der Aufsicht die Ausführung der Verrichtung, zu der der Ausführende bestellt ist.*[40]

Jeweils mehr als jedes dritte Wort ist ein Substantiv ...

Auch bei kurzen Sätzen

*Streit besteht über die Auslegung des Begriffs der Beschädigung einer Sache.*

Wörtern,

*Verkehrswegeplanungsbeschleunigungsgesetz, Zeugengebührenverzichtserklärung, Baugesetzbuchmaßnahmengesetz etc.*

oder Bezeichnungen

*EWG-Richtlinie zur Verwirklichung des Grundsatzes der Gleichbehandlung von Männern und Frauen hinsichtlich des Zugangs zu Beschäftigungsverhältnissen, zur Berufsbildung und zum beruflichen Aufstieg sowie in Bezug auf die Arbeitsbedingungen*

kann Hauptworthäufung anstrengend sein.

Insbesondere Substantive auf *-ung*, *-kung*, *-hung*, *-heit* und *-keit* wirken bemüht. Wenn Sie schon Verben substantivieren müssen, dann machen Sie nicht aus *wegschaffen* eine *Wegschaffung*, sondern *das Wegschaffen*, *der Abtransport* oder *die Entfernung*; aus *zitieren* nicht *unter Zitierung von*, sondern *unter Wiedergabe von*; lieber *ersatzfähig* als *ersetzungsfähig*.

Beispiel: *Soweit die Infiziertheit des Kuchens und dessen Kausalität für den geltend gemachten Schaden ... bestritten worden waren, ...*[41]

---

38 § 883 I 1 BGB.
39 BGH NJW 1994, 2947, 1. Leitsatz.
40 BGHZ 11, 151, 153.
41 OLG Frankfurt/Main, NJW 1995, 2498. – Zweifelhaft ist, ob wirklich Kausalität des Kuchens oder eher Kausalität der »Infiziertheit« gemeint war.

Aus *niederschlagen* sollte weder *Niederschlagung* noch *Niederschlag* noch *das Niederschlagen* werden. Der Obersatz Ihrer Strafbarkeitsprüfung lautet am besten *Indem A den B niederschlug, kann er sich ... strafbar gemacht haben.* – Prüfen Sie die anderen Möglichkeiten!

Der Verzicht auf exzessive Substantivierung erspart Ihnen auch die Zweifelsfrage, ob aus *ordnungsgemäß* nun *Ordnungsgemäßheit* oder doch besser *Ordnungsmäßigkeit* zu bilden ist. Wird aus *abfallen* immer *Abfall*?

Ein letztes Beispiel:

*Eine besondere Schwierigkeit stellt die Durchführung des Schreibens leicht verständlicher Sätze dar* läßt sich umformulieren in *Es ist besonders schwierig, leicht verständliche Sätze zu schreiben.*

● **Fehler bei der Verwendung des Konjunktivs**
Beispiel: *Der Beklagte meint, er habe die Leistung vertragsgemäß erbracht.*

aber

*Die Beklagten meinen, sie hätten die Leistung vertragsgemäß erbracht.*

weil bei *haben* nicht erkennbar wird, ob es sich um Konjunktiv oder Indikativ handelt.

Entbehrlich ist der Konjunktiv bei Wendungen wie

*Fraglich / Problematisch könnte jedoch / indessen sein, ob. ...*

Es genügt *Fraglich ist / kann sein, ob ...*

● **Verwendung von Steigerungsformen**
– zu häufige

Nicht alles ist *sehr / extrem / äußerst zweifelhaft*, manches ist einfach nur *zweifelhaft*.

Sie gestalten auch eine Zeitungsseite nicht ausschließlich mit unterstrichenen fettgesetzten Überschriften in Großbuchstaben. Ständige Übertreibungen verkaufen entweder den Leser für dumm oder signalisieren ihm, daß Sie keinen Schwerpunkt setzen wollen oder können.

Für das Ausrufezeichen gibt es übrigens abgesehen von der Wiedergabe einer wörtlichen Rede kaum einen sinnvollen Einsatzort. Es genießt nicht umsonst den Beinamen »Kraftausdruck der Zeichensetzung«.

– falsche

*optimalst, einzigst, in keinster Weise, sämtlichst, bestbezahltest, näherliegender*

besser:

*optimal / bestens, einzig, in keiner Weise / nicht, sämtlich, bestbezahlt, näherliegend / naheliegender*

*Richtiger erscheint es, auf ... abzustellen.* – Es gibt kein Richtigeres im Falschen.

- **Häufungen individueller Lieblingswörter und -wendungen**
  Man überschätzt leicht die eigene Stilsicherheit. Gerade wenn man sich beim Schreiben auf die Inhalte konzentriert, geschieht es schnell, daß sich Formulierungen oder Ausdrücke laufend wiederholen.

  Angesichts der subjektiven Vorlieben des einzelnen Verfassers gibt es dazu nur eine Empfehlung: Den Text gegenlesen (lassen) und, wenn bereits ein Verdacht besteht, mittels des PC nachzählen, ob das betreffende Wort häufiger als einmal pro Seite auftaucht; dann erneut darüber nachdenken.

  Ausnahme:  Wo Fachbegriffe (termini technici) Verwendung finden, sind Wiederholungen unvermeidlich; es geht dann genau um einen bestimmten Begriffsinhalt, von dem man nicht durch das Einsetzen von Synonymen ablenken darf.

- **Bestimmte sprachliche Katastrophen**
  Vermeiden Sie nach Möglichkeit

  – die Komposita von *mäßig*; gerade noch erträglich ist *unmäßig*, sehr unerfreulich dagegen etwa *quellenmäßig*, *mengenmäßig* (wie wäre es mit *quantitativ*?), *vertragsmäßig* (ersetzen durch *vertraglich*), *haftungsmäßig* (ersetzen durch *hinsichtlich der Haftung*), *tatbildmäßig* und ähnliches,

  – im Bereich von / des (besser *bei / in*),

  – Komposita von *machen* wirken oft unelegant bis unbeholfen (*vereinbaren* statt *ausmachen*),

  – nicht existente Wortkreationen, z. B. *zumindestens* (*mindestens* oder *zumindest*), *nichtsdestotrotz* (*des(sen)ungeachtet*) etc.

- **Unfreiwillige Komik**
  > *Es handelte sich zweifelsfrei um das verunfallte und geflüchtete Fahrzeug.*

  > *Zu prüfen ist noch die Verjährung, da fünf Jahre ein langer Zeitraum sind.*

  > *Ein Irrtum ist dann, wenn der eine nicht das bekommt, was er will und der andere ihm das aber gibt.*

  Auch die Fristberechnung hat ihre Tücken:

  > *Die Erklärung des T wäre rechtzeitig, wenn sie bei V am 35.1. eingegangen wäre.*

Setzen Sie **freiwillige** humoristische Einlagen nur sehr überlegt und dosiert ein. Der Leser erwartet sie nicht, also vermißt er sie auch nicht.

- **Erwähnen des Sachverhalts**
Die Bezugnahme auf den Sachverhalt mit

*Laut Sachverhalt / Dem SV nach / zufolge ... / Wie der Sachverhalt nahelegt, handelte es sich um ... / In unserem Fall ...*

ist unnötig und zu unterlassen. Es wird eine fiktive Lebenswirklichkeit unterstellt. Eine andere Erkenntnisquelle als den Sachverhalt gibt es hinsichtlich der Informationen zum Tatsächlichen sowieso nicht[42].

Besser: *Es handelte sich um ...*

- **Zitate aus dem Sachverhalt** sind äußerst sparsam zu verwenden. In der Regel liegt der Sachverhalt vor dem Leser auf dem Tisch; Sie können den Platz für inhaltliche Ausführungen besser verwenden.

Ausnahmen:

- Bei Sachverhaltsauslegungen kann eine Inbezugnahme der maßgeblichen Passage auch im Wortlaut sinnvoll sein.

- In Hausarbeiten mit kompliziertem und langem Sachverhalt, etwa im Examen, ist es manchmal für den Leser, der nur eine einzige Arbeit zu diesem Fall zu korrigieren hat, eine Hilfe, wenn Sie ihm das eine oder andere Detail kurz (!) und unauffällig ins Gedächtnis rufen.

Wenn Sie **aus einer Norm** zitieren, müssen Sie das Tatbestandsmerkmal selbst dann nicht in Anführungsstriche setzen (*H muß »vorsätzlich« gehandelt haben.*), wenn es sich um ein Wort handelt, das neben der juristischen eine alltagssprachliche Bedeutung hat. Es genügt dann ein 〈*Merkmal*〉 *im Sinne des / von* 〈*Norm*〉.

- **»Im gegebenen / vorliegenden Fall« / »Hier ...«**
Um einen anderen Fall als den gegebenen geht es nicht; die Diskussion von nicht zur Bearbeitung gestellten Fallvarianten ist im Gutachten unangebracht und sollte allenfalls ausnahmsweise am Rande eine Rolle spielen, wenn es darum geht, eine Streitfrage darzustellen und zusätzliche Argumente zu begründen, für die im vorliegenden Fall nichts ersichtlich ist.

Man kann die genannten Formulierungen aber gelegentlich einsetzen, um nach etwas abstrakteren Ausführungen den Bezug zum Fall erkennbar wiederherzustellen oder um Zweifel an der Wirklichkeitsnähe der Fallgestaltung beiläufig zum Ausdruck zu bringen.

---

42  Zu Unterstellungen sogleich S. 142.

## ● Abkürzungen

– juristisch-technische Abkürzungen

*WE* für *Willenserklärung, KV* für *Kaufvertrag, VA* für *Verwaltungsakt, cic, pFV,
GoA* und ähnliches kommen im Unterricht an der Tafel vor, aber nicht im
Text Ihrer Arbeit. Besonders irritierend sind eigene Erfindungen (*TAO* für
*Teilungsanordnung,* quafaK für *qualifizierter faktischer Konzern*). Im Zeitdruck
in der Klausur mag man von dieser Regel abweichen (*GoA* ist eben doch
schneller geschrieben als *Geschäftsführung ohne Auftrag*), in der Hausarbeit
nicht.

Zudem besteht die Gefahr, über unglücklich konstruierte Abkürzungen
(*EBV – Verhältnis, ABM – Maßnahme*) ungewollt zu zeigen, daß man nicht
ganz verstanden hat, worum es geht.

– Abkürzungen für Gesetze und Gerichte

sind üblich und brauchen im Abkürzungsverzeichnis nicht nachgewiesen zu
werden (anders allenfalls bei selten gebrauchten Gesetzen, Verordnungen
und bei solchen, für die verschiedene Abkürzungen gebräuchlich sind). Achten Sie bei Gesetzesabkürzungen auf das Geschlecht: es heißt *das HSOG* und
nicht *die HSOG*. Bei Arbeiten, die sich hauptsächlich innerhalb eines Gesetzes abspielen, kann aus Platzersparnisgründen eine Fußnote am Anfang
zweckmäßig sein *§§ / Artt. ohne Gesetzesbezeichnung sind im folgenden solche
des StGB/BGB/GG*[43]. Bei *Die Rechtsprechung des BGH ...* und *Die Entstehung des BGB ...* kommt hinter die Abkürzung kein Genitiv-s (*BGHs*).
Anders als bei der Frankfurter Rundschau ist im juristischen Sprachgebrauch
die Abkürzung *BVG* unüblich, weil man daran nicht erkennen kann, ob das
*BVerfG* oder das *BVerwG* gemeint ist. Nur in Ausnahmefällen steht hinter den
Abkürzungen ein Punkt (z. B. *DVBl.*, anders aber *DÖV, MDR* etc.).

– sonstige Abkürzungen

*d. h., z. B., vgl., i. V. m.* etc.

sind unproblematisch und müssen nicht im Abkürzungsverzeichnis nachgewiesen werden. Ihre Verwendung am Satzanfang ist unelegant. Ebenso stört
die häufige Benutzung den Lesefluß.

Auch möglich: einmal ausschreiben, dann in Klammern: *(im folgenden: Abk.)*.
Gängig ist die Abkürzung von Namen der im Sachverhalt handelnden Personen (*M* statt *Meier*).

In Übungsarbeiten wirkt ein **Abkürzungsverzeichnis** eher etwas übertrie-
ben; solange Sie keine Arbeit in einem ganz entlegenen Rechtsgebiet schreiben

---

43  »Artt.« ist der Plural von »Art.«, so wie »§§« von »§«.

und nur die üblichen Abkürzungen verwenden, können Sie es sich sparen. Anderenfalls verweisen Sie am besten unmittelbar nach dem Literaturverzeichnis unter der Überschrift *Abkürzungen* (Wortlaut: *Wegen der verwendeten Abkürzungen wird auf ... verwiesen.* Oder *Soweit nicht gesondert nachgewiesen, folgen die Abkürzungen den Vorschlägen bei* ...) auf eines der gängigen Abkürzungsverzeichnisse[44].

● **Die erste Person Singular**
*Ich bin jedoch der Ansicht, daß Karthago zerstört werden muß.*

*Nach meiner Auffassung / meines Erachtens liegen die Dinge hier aber grundlegend anders,*

im Umgehungsfalle auch die dritte Person Singular

*Die Verfasserin kann dem so nicht zustimmen.*

sind zu vermeiden. Umschreiben kann man sie mit *man.*

Beispiele: *Man wird demnach der ... -theorie zu folgen haben, der zufolge ... / ... Folglich ist davon auszugehen, daß ... / kann ... zugrundegelegt werden.*

Diese Regel fordert zwar Kritik heraus, weil sie bewirkt, daß der Verfasser seine persönliche Ansicht hinter scheinbar objektiven Wahrheiten versteckt. Sie verlangt aber aus opportunistischen Überlegungen einerseits, wegen der höheren Begründungsanforderungen an »objektive« Wahrheiten andererseits trotzdem vorläufig Beachtung.

Sie müssen Ihre Ansicht als die objektiv richtige darstellen, schließlich haben Sie überzeugende Gründe dafür, warum Sie sie vertreten. Ihre eigene Person müssen Sie dabei heraushalten. Einschränkungen wie *Ich persönlich bin der subjektiven Meinung, daß ...* klingen unsicher und unentschieden.

Exkurs:   Unbedingt sind Betroffenheitsfloskeln zu vermeiden; das individuelle Rechtsgefühl hat im Kanon juristischer Argumente kaum einen richtigen Platz. Wenn es doch sein muß, kann man vielleicht so arbeiten:

*Diese Regel gilt jedoch nicht ausnahmslos; in Anwendung von § 242 BGB ist bei eklatanten Gerechtigkeitsverstößen ... möglich.*

Aber Vorsicht: § 242 BGB ist als entscheidungstragendes Element für

---

44  Kirchner, Hildebert: Abkürzungsverzeichnis der Rechtssprache, 4. Aufl., Berlin etc. 1993 (das gängigste Abkürzungsverzeichnis, hat beinahe offiziösen Charakter, Volksausgabe: 2. Aufl. 1993) oder das Abkürzungsverzeichnis der NJW oder das des Palandt oder Meyer, Dieter: Juristische Fremdwörter, Fachausdrücke und Übersetzungen, 10. Aufl., Neuwied 1993.

juristische Übungsarbeiten ziemlich ungewöhnlich (anders vielleicht im Arbeitsrecht). Fast immer signalisiert die scheinbare Notwendigkeit des Rückgriffs auf diese Norm, daß man bisher etwas übersehen hat.

Allerdings sollten Sie sich gelegentlich einen Überblick über die feststehenden Fallgruppen des § 242 BGB verschaffen (dolo agit-Einrede, Verwirkung etc.).

- Setzen Sie **Namensnennungen im laufenden Text** nicht oder nur sparsam ein. Fundstellen mit Namen gehören in die Fußnoten. Wird die referierte Ansicht nur von einer Person vertreten, darf man diese ruhig im Text nennen. Jedenfalls ist der Eindruck zu vermeiden, man habe ein hübsches Meinungspotpourri zusammengestellt, ohne selbst über das Problem nachgedacht zu haben.

- **§§-Formulierungen**
  wie

*Der § 459 I BGB verlangt ... ,*

*... wird von keinem Paragraphen im BGB erfaßt* etc.

wirken dilettantisch. Man spricht nicht von Paragraphen, erst recht nicht, indem man das Wort ausschreibt. Anders aber beispielsweise im Genitiv

*Der Anwendungsbereich des § 459 II BGB ist weit.*

Taugliche Vokabeln sind

*Bestimmung, Norm, Vorschrift, Regelung, Regel* u. ä.

Diese *schreiben vor, normieren, bestimmen, ordnen an, bewirken, sehen vor, regeln, erlauben, gestatten, verbieten, gebieten, erfordern, verlangen, setzen voraus, legen / setzen fest, enthalten Erfordernisse, sind einschlägig / anwendbar, greifen ein / Platz, finden Anwendung, knüpfen (Rechtsfolgen) an, erfassen, kommen zum Tragen / zur Anwendung, sind (un)anwendbar, erwähnen, passen auf / für Fälle, verweisen auf, bringen zum Ausdruck, beschränken, beziehen sich auf, stellen klar, erklären für anwendbar ...* − was bietet Ihr Synonymwörterbuch?

Weniger schön:

*§ 823 I geht / schlägt durch. § 812 I 1 Alt. 1 zieht / greift nicht.*

Ziemlich laienhaft klingt *In diesem Fall tritt § 14 in Kraft.*

*§ 14 ist schon in Kraft; gemeint ist: § 14 findet Anwendung.*

Gelungener als *Im § 398 ist geregelt ...* ist *In § 398 ist geregelt ...*

- **Ankündigungen**
  *Es wird nun ... geprüft*

möglichst unterlassen. Der Verlauf des Gutachtens soll sich aus diesem selbst ergeben und ohne Erklärungen verständlich sein.

Wenn schon, dann lieber

*Im folgenden ist daher zu untersuchen, ob ...*

Daß etwas geprüft wird und warum, muß sich aus dem bisherigen Verlauf der Untersuchung oder dem gerade formulierten Obersatz ergeben.

- **Vorbemerkungen / Schlußbetrachtungen** und ähnliches sind in Gutachten fast nie gefragt. Prüfen Sie das, was Sie in eine Vorbemerkung ziehen wollen, lieber an der Stelle, wo es zum erstenmal darauf ankommt, und verweisen Sie dann später darauf. Eine **Nachbemerkung** nach dem Ende des Gutachtens (etwa in dem Sinne: *Ich habe gesehen, daß das hier erzielte Ergebnis ungerecht ist. Nach geltendem Recht kann aber nicht anders entschieden werden; alles andere ist Aufgabe des Gesetzgebers.*) ist ebenfalls unüblich. Wenn Sie etwas in der beschriebenen Art sagen wollen, lassen Sie in einer Fußnote durchblicken, daß auch Sie – neben folgenden prominenten Autoren: 〈 ... 〉 – der Ansicht sind, daß hier noch Regelungsbedarf bestehe. Oder erwähnen Sie die rechtspolitischen Argumente (*De lege ferenda*[45] *wird allenthalben gefordert, ...* ) bei Ihren teleologischen Erwägungen bei der Auslegung des betreffenden Merkmals.

- Auch ein **Vorwort** ist im Gutachten nicht zu empfehlen und in Themenarbeiten besser mit *Einführung* o. ä. zu bezeichnen. Völlig kontraindiziert – milde ausgedrückt – sind in Übungsarbeiten **Widmungen** wie *Meinen Eltern* oder *Für Elise*. Was und wieviel immer Sie Ihren Eltern oder Elise verdanken – teilen Sie es dem Leser nicht mit. Ein **Motto** über einem juristischen Übungsgutachten ist, naja, ungewöhnlich.

- **Exkurse**
  Wenn nicht zwingende Erwägungen einen Exkurs angebracht erscheinen lassen, ist ein solcher zu vermeiden. Im Ableitungszusammenhang des Gutachtenstils weist ein Exkurs auf einen nicht hinreichend durchdachten Aufbau hin. Wenn man schon Exkurse unternimmt, sollten sie möglichst knapp gehalten und nicht gerade mit *Exkurs: Zur Geschichte des Bestimmtheitsgebots* überschrieben werden.

Besonders riskant sind verdeckte Exkurse (Muster: *Der Elefant – Der Elefant hat an der Vorderseite eine wurmförmige Nase, den sogenannten Rüssel. Der Wurm ...* ); in schriftlichen Arbeiten empfiehlt sich diese Form der Wissenspräsentation nur sehr bedingt.

---

45 Das bedeutet ungefähr: Nach dem (noch) zu erlassenden Gesetz, rechtspolitisch wünschenswert.

### ● Verweisungen

   – *nach unten*

sind im Gutachten unbedingt zu unterlassen; die zum Verständnis erforderliche Information darf nicht irgendwann später *Wie noch / im folgenden zu zeigen sein wird*, ... oder vielleicht auch gar nicht kommen, sondern muß an Ort und Stelle präsentiert werden oder bereits vorher präsentiert worden sein. Unterlassen Sie Ankündigungen (*Wie sich der Umstand auswirkt, daß hier der Kläger den Unfall verschuldet hat, wird unten zu 5. erörtert.*[46])

   – *nach oben* (oft erforderlich bei Aufgaben mit Fallvarianten)

sind grundsätzlich zulässig, können bei zu häufiger Verwendung aber den Eindruck eines ungeschickten Prüfungsaufbaus erwecken. Wird eine Definition immer wieder gebraucht, so ist es nicht nötig, sie erneut und wortlautidentisch niederzuschreiben und jedesmal mit einer umfänglichen Fußnote zu versehen. Es genügt, nach oben zu verweisen, oder, wenn die betreffende Definition erst wenige Absätze vorher präsentiert wurde, darauf zu vertrauen, daß der Leser sich noch erinnern kann. Bedenken Sie: Lesen geht schneller als Schreiben; was Sie vor zwei oder drei Seiten gesagt haben, ist dem aufmerksamen Leser noch präsent. Wird auf mehrere in Folge geprüfte Punkte verwiesen, genügt häufig ein Verweis (am besten in Fußnoten Gliederungspunkt und/oder Seite angeben).

*Wie bereits (oben)* 〈Fn〉 *festgestellt / dargestellt / gezeigt / geprüft / ausgeführt / nachgewiesen / gesagt, ist ... / handelt es sich bei ... um ...*

*Für ... gilt das oben (Verweis) Gesagte (entsprechend).*

*Hinsichtlich ... wird auf ... Bezug genommen.*

*Auch insoweit liegen die Voraussetzungen ... vor. Problematisch ist ...*

*Wie sich aus den obigen Ergebnissen / Ausführungen zu ... / den bereits genannten / aufgeführten / erwähnten / wiedergegebenen / erörterten Argumenten ergibt, ...*

*... ist aus denselben Gründen / den gleichen Erwägungen wie ... abzulehnen.*

Bei Anschließen an unmittelbar vorstehende Ausführungen:

*Gleiches gilt für ...*

   – Einleiten kann man Verweisungen mit

*Wieder(um) / Ähnlich / Wie / Gleichermaßen / Ebenso wie oben (Verweis auf Seiten oder am besten auf Gliederungsnummer) stellt sich die Frage / kommt es (für ... ) darauf an, ob ...*

---

46 BGHZ 57, 137, 143.

– Wiederholungen können mit

*ebenfalls / auch / wiederum / abermals / gleichfalls / desgleichen / erneut / neuerlich / auch hier / nochmals* etc.

angedeutet werden.

- **Die Bezeichnung der Beteiligten mit »der / die«**
  *Der Schmidt / der A kann gegen den Schulz / den B einen Anspruch haben.*

Dieser Sprachgebrauch ist ein Relikt aus Jahrhunderten, in denen die Rechtsunterworfenen noch um ihre Subjektsqualität zu kämpfen hatten. Schöner:

*Schmidt / A kann gegen Schulz / B einen Anspruch haben.*

Aber *T ist Vertreter des V. Die C-GmbH klagt gegen die F-OHG.*

- **Wiederholungen des Gesetzes**
  Es gilt allgemein als unnötig und falsch, das Gesetz wörtlich abzuschreiben oder Paraphrasen des Gesetzes mit Fußnote (*Vgl. § 276 BGB / So auch § 904 BGB*) zu versehen. Iura novit curia: Der Korrektor kennt das Gesetz oder ist wenigstens imstande, sich Kenntnis davon zu verschaffen. Abschreiben ist also nicht nur Platz- und Zeitverschwendung, sondern auch unhöflich.

Ausnahmen:

– Bei wirklich entlegenen Normen aus anderen Rechtsordnungen oder lange vergangener Rechtsgeschichte kann es sinnvoll sein, diese in einer Fußnote oder in einem Anhang wörtlich, möglichst unter Angabe der amtlichen Fundstelle, wiederzugeben, um dem Leser unnötiges Wühlen zu ersparen.

– Wenn es auf den Wortlaut der Norm ankommt, darf diese auch einmal zitiert werden; sinnvollerweise sollten Sie dann aber nur die erheblichen Merkmale, gegebenenfalls in Anführungsstrichen, wiedergeben. Gleiches gilt, wenn jede Umschreibung mit einem Verlust an Genauigkeit einhergehen würde.

Fußnoten, die auf eine Norm als Fundstelle verweisen, werden Ihnen immer angestrichen werden. Nicht zu beanstanden sind dagegen Fußnoten wie:

*So aber noch § 28 des Gesetzes über ... vom ... (RGBl. yyy), außer Kraft gesetzt durch Gesetz vom ... (BGBl. I, yyyy).*

*So § 322 des Entwurfs der Kommission zur Reform des Schuldrechts (BGB-KE).*

Oft ist es übrigens sinnvoll, ein wenig im Gesetz zu blättern, weil man sich dadurch die Ableitung wichtiger Argumente aus dem Zweck der Regelung sparen kann. Stichwort: Ein Blick ins Gesetz erspart Geschwätz. Und: Der kluge Jurist liest weiter – wenigstens die Norm bis zu Ende und auch einmal die nächste(n), jedenfalls aber den nächsten Absatz, zum Beispiel in § 179 BGB. Denn der Regel folgt im nächsten Satz oder Absatz oft die Ausnahme, deren Kenntnis für die Subsumtion hilfreich ist – und giftige Randbemerkungen im Stil von *anderer Ansicht das Gesetz* vermeiden hilft.

- **Umschreibungen des Gesetzeswortlauts** sollte man vorsichtig einsetzen, sie sind aber nicht immer vermeidbar (z. B. bei der Bildung von Obersätzen). Auch hier gilt: Umschreiben Sie nicht wahllos die ganze Norm, sondern nur die fallrelevanten Teile. Vorsicht: Umschreibungen können mit einem Verlust an Genauigkeit einhergehen; achten Sie also auf die richtige Verwendung von Fachtermini.

Beispiel: *A müßte das Eigentum des B widerrechtlich und schuldhaft verletzt haben.*

Vergleichen Sie das mit § 823 I BGB.

- **Lehrbuchartige Ausführungen** sind bei Studenten beliebt, vor Korrektoren aber gefährlich. Prüfen Sie jeden (!) Satz auf seine Unentbehrlichkeit für die Subsumtion. Es ist zwar unerläßlich, eine Reihe von Definitionen insbesondere für Klausurzwecke zu beherrschen. Es nützt aber nichts, wenn Sie eine auswendiggelernte Definition hinschreiben, ohne darunter zu subsumieren. Versuchen Sie, Ihren fertigen Text mit den Augen eines Korrektors zu lesen. Überarbeiten Sie ihn dort besonders sorgfältig, wo man *Fallrelevanz?* an den Rand schreiben könnte.

Die Gefahr, soeben erst angelesenes Wissen um jeden Preis präsentieren zu wollen, ist groß, zumal wenn man selbst gerade ein Erfolgserlebnis gehabt hat, etwa weil man die kryptischen Ausführungen in der einschlägigen Literatur und Rechtsprechung jetzt endlich verstanden hat. Den Leser interessiert das aber nicht – deswegen: kürzen Sie!

Unter keinen Umständen sollten Sie Lehrbuchtexte wörtlich abschreiben. Zeit und Platz können Sie sinnvoller verwenden. Bei nicht gekennzeichneten Zitaten ziehen Sie zudem den Zorn des Korrektors auf sich. Natürlich dürfen und müssen Sie, wenn es beispielsweise um die Darstellung eines Streitstandes geht, mit ähnlichen, gelegentlich gleichen Worten wiedergeben, was jemand anderes zum Problem sagt. Das ist aber nur die Vorbereitung für Ihre eigene Stellungnahme. Dies gilt auch für Erwägungen zum Zweck des Gesetzes.

Faustregel:   Ihre Aufgabe ist es nicht, die Rechtsordnung anhand des vorgegebenen Falls zu erklären, sondern, den vorgegebenen Fall anhand der Rechtsordnung nachvollziehbar zu entscheiden.

Wenn Sie also beim Gegenlesen Formulierungen wie *Zu/m ⟨Problem⟩ werden folgende Auffassungen vertreten: a) ... b) ... c) ...* oder Überschriften wie *Das Wesen der Grundschuld / Die Rechtsnatur der Bürgschaft* finden, sollten Sie mißtrauisch werden.

134

Nur ausnahmsweise erforderlich sind Ausführungen wie

*In einem anderen Urteil hatte der BGH zu entscheiden, ob . . . . Es ging dabei um die*
*Frage, . . .*

Das ist die Diktion eines Lehrbuchs, dessen Verfasser sich mit neueren Recht-
sprechungsentwicklungen auseinandersetzt. Im Gutachten brauchen Sie das
höchstens, wenn Sie am Hauptproblem arbeiten – aber lassen Sie den Fallbezug
nicht verloren gehen! Gerade die Darstellung umfangreicher theoretischer
Kontroversen sollte »wasserdicht gemacht werden«, indem man mit möglichst
schulmäßigen Obersätzen darlegt, warum all das diskutiert werden muß.

Ein beliebter Unterfall des Lehrbuchstils ist das exzessive Anhäufen komplizierter Definitionen bei unproblematischen Tatbestandsmerkmalen. Wann soll man
nun ein eigentlich nicht weiter problematisches Merkmal definieren, wann
nicht? Die Frage wird von jedem Korrektor anders beantwortet.

Faustregeln: – In Anfängerarbeiten ist es im Zweifel (!) besser, eine Definition
hinzuschreiben als wegzulassen. Der Aufgabensteller will
manchmal bestimmte Definitionen von Ihnen lesen. So kann es
ratsam sein, in § 242 StGB selbst dann »bewegliche Sache«
noch einmal zu definieren, wenn es sich um eine Brieftasche
handelt.

– Vermeiden Sie Definitionen, wenn sich die Merkmale der Definition noch schwieriger anwenden lassen als der definierte
Begriff selbst.

Anlaß zur Überarbeitung Ihres Textes besteht, wenn Sie beim Gegenlesen auf
Formulierungen wie

*Wendet man diese Grundsätze auf den vorliegenden Fall an, so ergibt sich folgendes:*
*. . .*[47]

treffen. Diese weisen meist darauf hin, daß im vorangehenden Abschnitt sehr
wenig vom konkreten Fall, aber um so mehr (abstrakt) von den Prinzipien des
Gutglaubenserwerbs an beweglichen Sachen die Rede ist.

Als überflüssig angreifbar sind fast immer die Ausführungen, die nach der Wendung

*Anders lägen die Dinge, wenn . . .*

kommen. Sie sollen ein Gutachten zum vorgegebenen Sachverhalt erstellen,
nicht eines, das etliche selbsterfundene Varianten mitdiskutiert.

---

47  BGHZ 11, 151, 155.

- Ausführungen zur **früheren Rechtslage** (*Vor dem Inkrafttreten des ... -gesetzes stellte sich das Problem folgendermaßen dar: ...*), wie sie sich in Lehrbüchern und Aufsätzen finden, sollte man auf das Notwendigste beschränken und besonders gründlich auf ihre Bedeutung für die Argumentation zum geltenden Recht prüfen.

- **Schema-Fetischismus**
  Zuerst einmal: Der Plural von *Schema* heißt nicht *Schemas, Schematas* oder *Schemen*, sondern *Schemata*.

Kaum auszurotten, vielleicht sogar eher im Vordringen begriffen, ist die sklavische Verwendung von Prüfungsschemata, wie sie wohlfeil und in durchaus unterschiedlicher Qualität in zahlreichen Lernhilfen und Lehrbüchern zu finden sind. Wahrscheinlich liegt der Grund für ihre Popularität in der ständigen Angst, etwas Wichtiges zu vergessen und in dem von Lehrenden und Lernenden gleichermaßen manchmal übertriebenen Bemühen, den einzig richtigen Aufbau für ein Problem zu finden. Wie dem auch sei: Die Verwendung solcher Schemata birgt einige Gefahren. Der Benutzer tendiert dazu, alles – und sei es auch nur mit einem einzigen Satz, der dann aber unbedingt (warum eigentlich?) eine eigene Überschrift erhalten muß – »abzuhaken«. Nicht selten wird dabei das Problematische zu knapp, das Unproblematische zu breit erörtert.

Beispiel: Absatz über Absatz zur eindeutig gegebenen Kausalität im Strafrechtsfall.

Außerdem sind Schemata nicht immer vollständig (wie sollten sie auch?) und stellen die einzelnen Prüfungspunkte nicht notwendig in überzeugender Reihenfolge und Anordnung dar. Am besten benutzen Sie Schemata wie Krücken: mit dem Zweck, sie möglichst schnell überflüssig zu machen.

Führen Sie sich vor Augen, inwieweit das betreffende Schema vom Gesetz getragen ist. Das Gesetz sollten Sie bei Ihren Gutachten nicht ignorieren. Alles, was darüber hinausgeht, sind Zweckmäßigkeitsregeln, die man bei Bedarf außer Acht lassen kann.

Wenn Sie den Sinn eines Prüfungspunkts verstanden haben, werden Sie sich ihn auch leichter merken können, so daß das Schema letztlich überflüssig wird.

Es ist Teil der Aufgabe, daß Sie eine problemangemessene Gliederung entwerfen. Diese ist nur ganz selten im Maßstab 1:1 aus einem »Wie prüfe ich richtig?«-Buch zu entnehmen. Die Mustergutachten, die Sie vornehmlich in den Ausbildungszeitschriften (JuS, JA, Jura) finden, sind eben nur Muster. Auch die Originalarbeiten, die Sie in den Sammlungen einiger Hochschulgruppen einsehen und fotokopieren können, sind nicht zum wörtlichen Abschreiben gedacht. Das geht fast immer an den Problemen Ihres Falles knapp vorbei und wird von den Korrektoren eher belächelt.

Bei Überlegungen, die in Ihre Aufbauvorstellungen auch nach längerem Nachdenken nicht einzuordnen sind, aber dem Sachverhalt oder Ihrer Vorstellung
von der vollständigen Bearbeitung zufolge dazugehören, kann es zweckmäßig
sein, »nach Schema« aufzubauen, dann ein Zwischenergebnis zu ziehen und
fortzufahren mit

– *Zu überlegen ist nun, ob sich an diesem Ergebnis / hieran / daran etwas ändert, weil
⟨Umstand⟩ / ⟨unbequeme Idee⟩.*

Wenn Sie nicht sicher sind, ob der Gedanke vielleicht etwas abwegig ist, können Sie Ihre Zweifel signalisieren mit

– *Man könnte daran denken,* ... (etwas konjunktivlastig)

– *Zu denken ist (allenfalls) / wäre an* ...

– *... ist zumindest in Erwägung / Betracht zu ziehen.*

– *Man könnte annehmen / vermuten,* ... */ Bei näherer Überlegung / Überprüfung
bestätigt sich diese Annahme / Vermutung / dieser Verdacht jedoch nicht:* ... */ Dies
wird zu verneinen sein, weil* ... – Urteilsstil.

In der Regel gibt es keine bestimmte zwingende Reihenfolge für die Prüfung
einzelner Tatbestandsmerkmale; es ist aber immer das logisch Vorrangige zuerst
zu untersuchen.

Beispiele: Ob ein Vertrag gegenseitig ist, kann man erst feststellen, wenn man
weiß, daß und mit welchem Inhalt er überhaupt abgeschlossen
wurde.

Sinnvollerweise stellt man (im Deliktsrecht, Strafrecht) zuerst den
Erfolgseintritt fest, diskutiert dann, welches Verhalten dazu geführt
hat und problematisiert anschließend Fragen der Zurechnung
(Äquivalenz, Adäquanz, Kausalitätsprobleme).

Nicht immer, aber oft ist es zweckmäßig, sich an die von der Norm vorgegebene Reihenfolge zu halten.

Nach dem hier Gesagten werden Sie sich nicht wundern, wenn Sie in diesem
Text keine Aufbauschemata finden[48].

● **Hilfsgutachten** sind – besonders in zivilrechtlichen Arbeiten – selten erforderlich. Häufig signalisieren Sie dem Leser nur, daß Sie Ihrem Ergebnis selbst nicht
recht trauen. Auch wenn die Versuchung groß ist, ein weiteres Problem hilfsweise darzustellen, das Sie sich mit Ihrem Begründungsweg abgeschnitten
haben: Lassen Sie es eher bleiben. Wenn die Arbeit im übrigen gut ist, brauchen

---

48 Immerhin eine Empfehlung: Minas, Manfred: Die Anspruchsgrundlagen des BGB – Präzisiert
für Gutachten und Urteil, Stuttgart 1993.

Sie nicht unter Beweis zu stellen, daß Sie noch eine zusätzliche Schwierigkeit gesehen und anständig entschieden haben. Umgekehrt können Sie nie wissen, ob nicht ein Fehler im Hilfsgutachten Punkte kostet. Wenn Ihnen eine bestimmte Frage so sehr am Herzen liegt, daß Sie ein Hilfsgutachten erwägen, überlegen Sie, ob Sie sich nicht einfach oben anders entscheiden …

Ausnahme:  Etwas anderes gilt, wenn die Aufgabenstellung für einen bestimmten Fall ausdrücklich ein Hilfsgutachten verlangt.

Es kann passieren, daß ein Fall erkennbar auf ein Kernproblem abzielt, Ihre Bearbeitung aber nicht bis dahin gelangt. Manchmal kommt man auf dem Weg zum eigentlichen Thema nicht weiter, weil ein Tatbestandsmerkmal keine Entsprechung im Sachverhalt findet. Sie sollten dann

– zuerst noch einmal gut überlegen, ob der Fall wirklich auf das zentrale Thema zielt, das Sie zu erkennen glauben – auch eine unerwartet einfache Entscheidung kann richtig sein.

– Entweder die Prüfung abbrechen und eventuell ein Hilfsgutachten beginnen

– oder sich über das Merkmal nicht weiter den Kopf zerbrechen. Wenn die Aufgabe deutlich auf ein Thema zielt, sind Nebensächlichkeiten nicht problematisch gemeint. Handeln Sie sie kurz ab, so daß Sie auf dem Weg zum Zentralthema weiterkommen.

Folgender Maßstab mag helfen: Je früher ein Fall abbricht, desto unwahrscheinlicher ist es, daß der Aufgabensteller das wollte.

● **Opportunismus**
Es ist weder erforderlich noch angebracht, in Hausarbeiten laufend die einschlägigen Arbeiten des Hochschullehrers zu zitieren, der die Übung leitet. Das hat mehrere Gründe:

– Der Betreffende kennt seine eigene Meinung und ist normalerweise nur mäßig daran interessiert, sie auf studentischem Niveau noch einmal nacherzählt zu bekommen.

– Er erkennt daher auch sehr schnell Fehler und Verständnislücken der Bearbeiter.

– Oft korrigiert nicht er selbst, sondern seine Mitarbeiter; die Schmeicheleien bleiben in diesen Fällen noch vor dem Ziel stecken. Außerdem sind nicht alle Korrekturassistenten der gleichen Meinung wie der Übungsleiter.

– Kaum jemand ist so eitel, daß ihm nicht offener Opportunismus unangenehm auffiele.

Umgekehrt lohnt sich ein Blick in den Kommentar oder das Lehrbuch des

Aufgabenstellers, weil es eben doch passieren kann, daß dieser ein Thema zur Bearbeitung stellt, das ihn selbst schon beschäftigt hat, und dann erwartet, daß sich die Bearbeiter mit seiner Sondermeinung zur betreffenden Frage wenigstens kurz **auseinandersetzen**.

● **PC-Exhibitionismus**
Der Einsatz des Computers bei der Anfertigung von Übungs- und Seminararbeiten bietet eine Reihe von Vorteilen. Während diese schnell ins Auge fallen, geraten einige spezifische Gefahren leicht aus dem Blick:

– Ausgesprochen peinlich wirkt es, wenn Sie sämtliche DTP-Features Ihres Textverarbeitungs- oder Layout-Programms auch wirklich einsetzen. Eine gute Arbeit hat das nicht nötig; bei einer schlechten erwecken Sie unweigerlich den Eindruck, als hätten Sie sich mit Computerspielzeug anstatt mit Recht befaßt. Vermeiden Sie jedenfalls mehrfarbig ausgedruckte Arbeiten. Auch Grafiken, Diagramme und dergleichen sind – naja, unüblich.

– Seien Sie mißtrauisch gegenüber den Vorschlägen von automatischen Trennhilfen und Rechtschreibkorrekturprogrammen: Wie wenig man sich auf diese verlassen kann, merken Sie beispielsweise bei der Rechtschreibhilfe: Wenn Sie *freundlich* versehentlich ohne *r* schreiben (also *feundlich*) und das Ganze mit MS-Word korrigieren, schlägt Ihnen das Programm zuerst *feindlich* (danach allerdings auch *freundlich*) vor. Also: Obacht – Beginnen Sie Korrekturläufe nicht mehr nach Mitternacht.

Manche Fehler werden vom Korrekturprogramm gar nicht gefunden. Schreiben Sie *wahr* ohne »h«, so wird daraus *war*. Ob Sie *irische Butter* oder *frische Butter*, *Beschuß* oder *Beschluß*, *Warenwert* oder *wahren Wert* gemeint haben, kann das Programm nicht wissen – es zeigt aber keinen Fehler an. Besonders tückisch ist das bei Worten, bei denen man etwas anderes erwartet hätte: *zunähst* statt *zunächst*.[48a]

– Professoren, Assistenten, wissenschaftliche Mitarbeiter und Korrekturkräfte sind inzwischen ebensogut wie Sie mit den Manipulationsmöglichkeiten vertraut, die Schriften in verschiedenen Punktgrößen, variable Zeilenabstände, kleinere Fußnoten etc. hinsichtlich der Gesamtlänge eines Textes bieten. Am geschicktesten ist es, Sie verwenden Ihre Zeit auf vernünftiges Kürzen, anstatt durch Quetschen um jeden Preis das vorgegebene Seitenlimit einzuhalten. Es fällt nämlich auf. Bestimmt.

– Für die Umsetzung der hier gegebenen Hinweise können Sie den PC sinnvoll einsetzen: Legen Sie sich beispielsweise eine Liste der beliebtesten Unwörter einschließlich Ihrer eigenen an, mit deren Hilfe Sie die fast fertige

---

48a Lesenswert dazu: Dieter E. Zimmer, Grammätik, in: ders.: Deutsch und anders, Reinbek 1997, S. 252 ff.

Hausarbeit noch einmal durchsehen. Sie können die »jedochs« in Ihrem Text zählen, indem Sie sie durch »jedoch« ersetzen lassen. Wenn es zu viele sind, ersetzen Sie sie durch Synonyme oder lassen gelegentlich eines weg. Man kann die in der Anleitungsliteratur[49] aufgelisteten Hinweise zur äußeren Gestaltung einer Hausarbeit in eine Druckformatvorlage umsetzen, die dann immer wieder verwendet wird. Solche Formatvorlagen gibt es auch schon vorgefertigt zu kaufen.

– Die Benutzung von EDV zur Erstellung von Hausarbeiten erfolgt auf eigenes Risiko: Sie erhalten von niemandem (und ganz sicher nicht vom Justizprüfungsamt) eine Verlängerung der Bearbeitungszeit, nur weil Ihr PC überraschend den Geist aufgegeben hat. Bislang werden auch Disketten nicht anstelle eines papierenen Ausdrucks akzeptiert, selbst wenn Sie beweisen können, daß Ihr Drucker nicht mehr funktioniert. Sie müssen sich also gegen den Fall des EDV-Ausfalls sichern, so gut es geht.

Daher beachten Sie folgende unvollständige Hinweise zu **elementaren Sicherheitsmaßnahmen** gegen unerwünschten Datenverlust:

– Aktivieren Sie die Option »Automatisch Speichern« – sofern vorhanden – und stellen Sie das Intervall auf 5 oder 10 Minuten ein; anderenfalls müssen Sie sich regelmäßiges Zwischenspeichern angewöhnen. Die Sicherungsdiskette sollte man täglich wechseln: auch sieben Disketten sind nicht teuer;

– Schreiben Sie eventuell eine Stapeldatei, die die einschlägigen Dateien automatisch bei Beenden einer Arbeitssitzung auf Diskette speichert;

– Für den Fall des Festplattencrashs lohnt es sich, lauffähige Kopien des Betriebssystems und der Textverarbeitung in Griffweite aufzubewahren.

– Gelegentlich sollte man einen Ausdruck erstellen. Das hat zwei Vorteile: Richtig Korrekturlesen kann man sowieso nicht am Bildschirm. Wenn alle Daten verlorengehen, kann man wenigstens durch Abtippen oder Einscannen die Version des Standes »letzter Ausdruck« retten.

– Insbesondere bei termingebundenen Arbeiten sollte man vorausschauend ein zusätzliches Farbband oder eine Tinten- oder Tonerkartusche und einen Stapel Papier anschaffen. In der Nacht vor dem Abgabetermin hat kein Fachhändler geöffnet. Sollte aus irgendeinem Grund die ganze EDV nicht mehr arbeiten, ist es gut zu wissen, welche Freunde man anrufen kann, um auf ihren PCs weiterzuschreiben.

Der PC ist kein Allheilmittel. Auch wenn Entscheidungssammlungen, Fachzeitschriften und Datenbanken inzwischen auf CD-ROM oder online zugäng-

---

49 Etwa Fahse, Hermann / Hansen, Uwe, Übungen für Anfänger im Zivil- und Strafrecht, 10. Aufl. Neuwied 1996, S. 7ff.

lich sind, sollten Sie gerade als Anfänger nicht darauf verzichten, den Umgang mit konventionellen Kommentaren, Entscheidungssammlungen und Zeitschriften zu erlernen. Im übrigen ist es eine Kunst, einer Datenbank die richtigen Fragen zu stellen; üben Sie das nicht erst im Ernstfall. Sie brauchen sonst zuviel Zeit – und gerade die wollen Sie ja sparen.

- **Anschluß an große Theoriemodelle**

Der Einbau sozial-, wirtschafts- oder staatswissenschaftlicher Theorien (beispielsweise ökonomische Analyse des Rechts, Straftheorien) in das Gutachten ist zwar reizvoll, weil er im günstigsten Fall mit Erkenntnisgewinn verbunden ist[50] und man außerdem schön zeigen kann, daß man über den juristischen Tellerrand geguckt hat. Er birgt aber auch Risiken: Oft genügt es nicht, mittels eines kurzen Stichworts beim Leser vorhandenes Wissen abzurufen. Der dann erforderliche Exkurs kann zu lang werden. Zum anderen besteht die Gefahr, ein eher kleines Problem, das man mit gängiger juristischer Dogmatik in den Griff bekommen kann, unnötigerweise mit Ausführungen in der schwer verständlichen Sprache einer Nachbarwissenschaft zu überfrachten. Für eine anständige Fallbearbeitung werden derartige Ausführungen gemeinhin nicht erwartet. Sie sollten sie also nur dann und dort präsentieren, wo Sie ihrer Sache sicher sind.

- **Zitieren einschlägiger Normen**

Gewöhnen Sie sich so schnell es geht an, Rechtsnormen so exakt wie möglich zu zitieren. Sie sind dadurch gezwungen, sich zu entscheiden, was Sie eigentlich prüfen wollen. Je nach dem Grad der Untergliederung durch das Gesetz zitiert man nach

*§, Abs., Satz, Halbsatz, Nr. / Ziff., 1. Alternative / Fall, am Ende, 1. / 2. Begehungsweise, 5. Spiegelstrich (= tir.), Buchst. / lit. c).*

Lassen Sie dabei zwischen den einzelnen Stellen Leerzeichen.

*§ 23 I 1 Alt. 2 Fall 3 Hs. 1 a. E.*

Hat eine Vorschrift mehr als zwei Fälle, sollte man nicht von *Alternativen*, sondern von *Varianten* oder *Fällen* sprechen.

Man kann sich die ständige Wiederholung des zitierten Gesetzes sparen, wenn man als erste Fußnote eine der Art

*§§ ohne nähere Bezeichnung . . .*

setzt.

---

50  Ein gelungenes Beispiel zur Argumentation mit ökonomischen Argumenten finden Sie bei Wehrt / Mohr, Jura 1995, 536.

- **Überschriften** sollten Sie möglichst nicht als Fragen formulieren (anders höchstens, wenn die Frage im Ergebnis verneint wird und dies bereits durch die Überschrift deutlich werden soll), einheitlich mit Großbuchstaben beginnen lassen und am besten kurz fassen. Der optischen Orientierung wegen sollten sie weniger als eine Zeile lang, jedenfalls nicht länger als zwei Zeilen und zumindest bei höherrangigen Überschriften durch größeren Abstand vom folgenden, jedenfalls aber vom vorhergehenden Text abgesetzt sein.

Bilden Sie besser nicht Überschriften wie

*Anwendung auf den vorliegenden Fall, Vorbemerkung,*

möglichst auch nicht

*Eigene Meinung / Würdigung* u. ä.

In Klausuren braucht man sie nur sparsam zu verwenden, aber setzen Sie möglichst über jeden Anspruch und vor jedes Ergebnis eine.

- **Unterstellungen**
Wenn möglich, vermeiden Sie Unterstellungen.

Beispiel: Beim Vertragsschluß kommt es häufig nicht darauf an, wer das Angebot und wer die Annahme erklärt. Dahingehende Sachverhaltsauslegungen und Unterstellungen sind zu vermeiden, weil zur Prüfung nicht erforderlich.[51]

Anderenfalls gibt es zwei Strategien:

**a) Kaschieren**
können Sie Unterstellungen unter Verwendung von Vokabeln wie

*regelmäßig, typischerweise, im allgemeinen, üblicherweise, normalerweise, gewöhnlich* etc.,

mit denen Sie aber sparsam umgehen sollten. Ebenfalls möglich ist die Aufstellung einfacher Behauptungen, die aber nicht stärker (lies: aussagereicher, inhaltsreicher und damit angreifbarer) ausfallen dürfen als im konkreten Zusammenhang benötigt. Am überzeugendsten wirken diese, wenn Sie einen Beleg dafür angeben können. Formulierungen wie

*. . . ist zu unterstellen.*

und deren platteste Umschreibungen sollten Sie besser vermeiden. Statt dessen schreibt man

*. . . ist anzunehmen / kann angenommen / davon ausgegangen werden / ist der Sachverhalt dahingehend auszulegen, daß . . .*

---

51 Siehe dazu oben Fall 2.

*Von / Vom Vorliegen ... ist auszugehen / kann ausgegangen werden*

*vermutlich, mutmaßlich*

oder umgekehrt

*... kann nicht ohne weiteres / ohne ausdrückliche Hinweise davon ausgegangen werden, daß ...*

*Ob ... , ist nicht hinreichend / ausreichend / hinlänglich sicher zu klären.*

Bemühen Sie dabei möglichst nicht die **Lebenserfahrung**. Der 22-jährige Verfasser hat meist nicht so enorm viel Lebenserfahrung; außerdem hört sich das immer an wie der letzte Rettungsanker. Im übrigen ist merkwürdigerweise die Lebenserfahrung des Korrektors oft eine andere.

Faustregel (leider viele Ausnahmen): Was im Fall nicht erwähnt ist, braucht man auch zur Entscheidung nicht. Je wichtiger für die Bearbeitung eine Information ist, desto weniger wird der Fallsteller sie bewußt verschweigen.

## b) Offenlegen
Wenn Sie doch einmal glauben, eine Lücke im Sachverhalt gefunden zu haben, stellen Sie zunächst fest

*Ob ... (oder ... ) der Fall ist, läßt sich nicht mit der nötigen Eindeutigkeit sagen / dem Sachverhalt nicht entnehmen etc.*

Anschließend sollten Sie in aller Klarheit die Unterstellung vornehmen, vielleicht eine hilfsweise Prüfung erwägen.

*Im Folgenden ist daher mit Blick auf* (wenn es für eine bestimmte Auslegung andere als nur strategische Argumente gibt, führen Sie sie hier an, z.B. *Ein solches widersprüchliches / interessenwidriges Verhalten des H kann nicht (ohne weiteres) unterstellt werden*) *davon auszugehen, daß / wird angenommen, daß ...* etc.

*Ein Indiz / Anhaltspunkt / Hinweis hierfür / für eine solche Annahme ist ...*

*Es soll (hier) daher angenommen werden, daß ...*

*Zwar ist auch ... denkbar. Angesichts ... ist dies jedoch wenig wahrscheinlich. Daher wird im folgenden davon ausgegangen, ...*

*Auch wenn / Obwohl / Wiewohl die Einzelheiten ... nicht bekannt sind, läßt sich aus dem Zusammenhang schließen, ...*

Im weiteren Text vermeiden Sie besser die wiederholte Betonung des Unterstellungscharakters

*Wie oben unterstellt / angenommen* u. ä.

Es könnte ja ein Fehler gewesen sein ... .

c) Nur ausnahmsweise empfehlenswert ist es, Fragen mangels genauer Informationen **offenzulassen**, wie man das manchmal in Musterbearbeitungen und Urteilen findet. Das ist zwar ehrlich, trifft aber oft nicht das vom Fallsteller Gewollte. Versuchen Sie erst einmal, die erforderliche Information über gesetzliche Vermutungen, Beweislastregeln, Sachverhaltsauslegungen oder Unterstellungen zu beschaffen.

- **Zu häufige Bezugnahme auf die herrschende Meinung**
  *Nach h. M. / überwiegender Ansicht* etc.

insbesondere ohne argumentative Absicherung ist opportunistisch und unreflektiert: Der Mehrheitsstatus einer Ansicht sagt nichts über ihre Richtigkeit[52].

Weiß man nicht, was die h. M. zu einem entscheidungsrelevanten Problem sagt, ist es nicht angebracht, sich eine h. M. zu erfinden: Der Leser weiß es besser oder kann wenigstens nachschlagen.

Es ist ein verbreiteter Irrtum, daß die Kenntnis der jeweils h. M. und deren Darstellung etwas daran änderten, daß Sie selbst begründen müssen, warum Sie sich für dieses oder jenes Ergebnis entscheiden.

Übrigens: *MM.* heißt nicht *Mindermeinung* (es ist keine minder gute Meinung), sondern *Meinung einer Minderheit*. Verdeutlichen Sie sich gelegentlich den Unterschied.

- **Laufendes Vergleichen mit Präzedenzfällen**
  Sie sollten erst subsumieren, dann Vergleiche ziehen. Das deutsche Rechtssystem ist nicht so präzedenzfallorientiert wie etwa das angloamerikanische. Wenn Sie Fälle nur durch Vergleich mit höchstrichterlichen Entscheidungen bearbeiten, besteht zudem die Gefahr, beim ständigen Blick auf die Ähnlichkeiten die Unterschiede zu übersehen oder zu vernachlässigen. Im übrigen gibt es keine *gleichen* Fälle, sondern nur *ähnliche* oder *vergleichbare*. Ob zwei Fälle insgesamt oder in einer bestimmten Hinsicht gleich/vergleichbar sind, ist das Ergebnis einer wertenden Betrachtung. Wenn der Vergleich für die Argumentation wichtig ist, sollte man dem Leser wenigstens kurz erklären, warum man die Fälle für ähnlich hält.

Zurückhaltung ist auch angebracht beim Vergleich mit Beispielfällen aus Lehrbüchern; nicht diese sollen entschieden werden, sondern der Ihnen gestellte Sachverhalt.

---

52 Vgl. im einzelnen etwa Wesel, Uwe: h. M., in: ders., Aufklärungen über Recht, 6. Aufl. Frankfurt/Main 1992, S. 14 ff.

• Das **Postulat der Widerspruchsfreiheit** gilt nicht nur für die formale Gestaltung einer Arbeit[53], sondern auch für deren Inhalt. Ist eine Streitfrage an mehreren Stellen entscheidungserheblich, dürfen Sie sich nicht einmal so und ein andermal anders entscheiden. Haben Sie den Sachverhalt in eine bestimmte Richtung ausgelegt, müssen Sie an dieser Auslegung auch an späterer Stelle festhalten. Schließen Sie sich einer Glaubenslehre (etwa: kausaler oder finaler Aufbau im Strafrecht) an, so können Sie dieses Bekenntnis nicht bei nächster Gelegenheit über Bord werfen. Inkonsistenzen in der Argumentation gehen zu Ihren Lasten.

• **Zirkelschlüsse** sind menschliche Fehler und passieren manchmal. Sie sollten aber nicht schon beim ersten Lesen ins Auge springen:

> *Ein Sachkauf setzt einen wirksamen Sachkauf voraus.*

• **Offenkundige Fehlschlüsse**

> *Der Z verfügt über einen gedruckten Kaufvertrag, daraus folgt, daß er über mindestens drei Verträge dieser Art verfügt.* – Wieso eigentlich?

> *Da A für B rechtsgeschäftlich tätig wird, verfügt er auch über eine Stellvertretervollmacht im Sinne des § 167 BGB.* – Nein! Wenn das stimmte, bräuchte man keine Regeln über Vertretung ohne Vertretungsmacht.

• **Offensichtliche Fehler bei der Prüfungsreihenfolge**
Innerhalb einer einzelnen Anspruchsgrundlage ist die Reihenfolge der verschiedenen Tatbestandsmerkmale oft einigermaßen beliebig; Sie können also nach persönlichem Geschmack oder Zweckmäßigkeit vorgehen. Gelegentlich gibt es aber Sätze der Logik, die man nicht ignorieren sollte.

Beispiel: Bei Zurechnungsnormen (Stellvertretung, Verschuldenszurechnung nach §§ 278, 831 I 1 BGB etc.) ist es nicht angebracht, zuerst zu prüfen, ob es sich um einen Stellvertreter, Erfüllungs- oder Verrichtungsgehilfen handelt, und erst dann, ob überhaupt eine zurechenbare Willenserklärung oder ein zurechenbares schuldhaftes Verhalten vorliegt.

• **Richtig gesetzte Schwerpunkte**
Wirklich brauchbare Regeln zur Schwerpunktsetzung gibt es nicht. Trotzdem ist es nützlich, sich ein Gespür dafür anzueignen. Wahrscheinlich hilft da nur Routine.

Jedenfalls sollte man vermeiden, durch offensichtliche Fehler dem Korrektor unnötigerweise offene Flanken zu präsentieren.

---

53  Dazu S. 105.

Beispiele: Diskutieren Sie nicht seitenlang, ob nun durch die Handlung des T Körper oder Gesundheit des O verletzt wurde – § 823 I BGB knüpft an beides die gleiche Rechtsfolge, so daß die Frage akademischen Charakter hat. Auch umfängliche Ausführungen zum Vorsatz sind nicht nötig, wenn – wie häufig – fahrlässiges Handeln genügt und ohne weiteres zu bejahen ist.

Viele Sachverhalte sind so konstruiert, daß sie eine kleine Reihe größerer Probleme enthalten (ca. ein bis drei) und daneben einige kleinere bis allenfalls mittlere »Nebenschauplätze« (ca. drei bis sieben). Sie können sich diesen Umstand zunutze machen, indem Sie am Anfang der Bearbeitung und bei Bedarf immer wieder eine Liste der großen und kleinen Probleme aufstellen und schätzen, wieviel Platz Sie ihnen jeweils in der Darstellung einräumen wollen (z.B. drei Seiten oder 20%) – das hilft manchmal bei der zeitlichen Planung: An einem Problem, das man in ein oder zwei Absätzen abhandeln will, darf man keine drei Wochen Zeit verbringen.

● **Durcheinanderwerfen von Personen, Anspruchsgegenständen etc.**
Wenig empfehlenswert ist das großzügige Zusammenfassen verschiedener Personen, Gegenstände, Umstände, Argumente (anderes gilt bei deutlicher Zeitnot in Klausuren: besser zu pauschal gesagt als gar nicht). Wenn es nicht die Aufgabe ausdrücklich verlangt, ist es klüger, verschiedene Anspruchsteller, -gegner, Straftäter etc. getrennt zu prüfen[54]. Besonders deutlich wird dies bei Schadensersatzansprüchen, bei denen eine Vielzahl von Ersatzleistungen (materieller Schadensersatz für unterschiedliche Gegenstände und Verletzungen, Schmerzensgeld aus verschiedenen Gründen etc.) verlangt wird.

Im Gutachten heißt es dann

*Hinsichtlich ⟨des Vorbringens⟩ ⟨des Anspruchstellers⟩ ist zu differenzieren: Soweit damit ... gemeint / davon ... betroffen ist, ist ... unbeachtlich / kann es darauf nicht ankommen. Etwas anderes gilt jedoch für ... .*

● **Nichtssagende Obersätze**
Vermeiden Sie Obersätze wie

*Zu prüfen ist, welche Auswirkungen ... auf ... hat.*

*Es fragt sich, welche rechtlichen Folgen daraus zu ziehen sind.*[55]

Das spiegelt wider, was Sie beim Durchdenken der Aufgabe getan haben. Für die Darstellung Ihres Ergebnisses ist es zu ungenau.

---

54  Beim fröhlichen Fakultätenraten nach Lieblingssätzen erkennt man den Juristen an *Es kommt darauf an ...*, *Hier ist zu differenzieren: ...*, *Das hängt davon ab, ob ...* und *Zu unterscheiden ist zwischen ...*
55  RGZ 97, 336, 338.

Etwas Zurückhaltung sollte man auch mit dem beliebten

*Fraglich ist, ob* . . .

üben. Es muß schon vorher oder spätestens im nächsten Satz deutlich werden, warum das »Fragliche« interessiert.

*Klärungsbedürftig ist zunächst die Rechtsnatur des/r* . . .

sollten Sie nur verwenden, wenn sofort folgt

*Ordnet man ihn/es/sie nämlich als* . . . *ein, so* ⟨*entscheidungsrelevante Folge*⟩

*Wer nicht die richtigen Fragen stellt, wird nicht oder nur zufällig zur richtigen Antwort kommen. Deshalb kann man auf die klare Formulierung der Obersätze nicht genügend Mühe verwenden.*

Wenn Sie ein Problem ausführlich diskutieren, muß der Leser, dem es zu langweilig wird, beim Überprüfen des Obersatzes sofort wieder einsehen, daß diese Prüfung für das Ergebnis wichtig ist.

- **Umfassende Auswertung des Sachverhalts**
Lesen Sie gelegentlich den Sachverhalt noch einmal daraufhin durch, ob alle Informationen im Gutachten verwertet sind. In aller Regel steht nichts im Sachverhalt, was nicht wenigstens für eine denkbare Entscheidungsvariante von Bedeutung wäre. Nur weniges ist tatsächlich ausschließlich zur Ausschmückung da. Gelegentlich soll auf diesem Weg ein arg konstruiert wirkender Sachverhalt etwas lebensnäher gemacht werden. Eher selten – besonders in Klausuren – sind regelrechte Fallen. Es gibt sie aber. Zahlen aller Arten stehen nicht nur colorandi causa im Sachverhalt – meist weisen sie auf Verjährungsprobleme (bei Datumsangaben), erforderliche Berechnungen (bei Preis- und Wertangaben bei Minderungsverlangen des Käufers) usw. hin.

- **Hervorhebungen** im Text kann man durch Unterstreichen, fetten Satz oder Kursivschreibweise bewerkstelligen. Letztere ist am unaufdringlichsten und daher vorzuziehen. Teils werden alle Hervorhebungen vehement abgelehnt, weil der Leser nicht als dumm behandelt werden will; außerdem müsse aus der Formulierung hervorgehen, was wichtig sei, nicht erst aus der Formatierung. Andererseits ist aber nicht jeder Leser immer voll konzentriert und wird vielleicht eine optische Strukturierung zu schätzen wissen. Man kann beispielsweise die Tatbestandsmerkmale einer Norm kursiv setzen, wenn man jeweils eigene Überschriften für überflüssig hält. Insgesamt sollten Sie Hervorhebungen ziemlich sparsam einsetzen.

Betonungen sind auch möglich, indem man die Wortstellung ändert: In dem Satz *Das Verhalten des B war jedoch nur rechtswidrig, wenn* . . . kann das Wichtige an den Anfang gestellt werden, um den Leser sofort darauf hinzuweisen: *Rechtswidrig war das Verhalten des B jedoch nur, wenn* . . .

● Der Sachverhalt ist, so wie er mitgeteilt wird, als wahr zu unterstellen – mag er auch noch so konstruiert wirken. Sie sollten also weder den Geschehensablauf in Zweifel ziehen noch **Überlegungen zur Beweisbarkeit** der mitgeteilten Tatsachen anstellen, wenn nicht ausnahmsweise die Aufgabenstellung etwas anderes verlangt.

● **Ausübung von Gestaltungsrechten**: Auch wenn der Sachverhalt nicht erkennen läßt, daß ein Gestaltungsrecht (Kündigung, Widerruf, Anfechtung etc.) bereits ausgeübt wurde, wird es zweckmäßig sein, dessen Voraussetzungen zu prüfen und – falls diese im übrigen bejaht werden – am Schluß darauf hinzuweisen, daß der Berechtigte die Möglichkeit zu ... hat, diese jedoch fristgemäß auszuüben ist.

# Kapitel 2: Ratschläge zur Anfertigung von Übungsarbeiten

Im folgenden finden Sie einige ausgewählte Hinweise, die Ihnen beim Verfassen von Gutachten zu Zwecken des Scheinerwerbs und im Examen hilfreich sein können. Man kann diese Hinweise so verdichten, daß die zu schreibende Arbeit Gegenstand geradezu generalstabsmäßiger Planung wird[56]. Darauf wird hier bewußt verzichtet: Stellen Sie selbst fest, nach welcher Methode Sie am besten arbeiten.

Auch Informationen zu den Anforderungen an das Äußere Ihrer Arbeiten finden Sie hier nicht[57]. Deren Bedeutung sollte man nicht über-, aber erst recht nicht unterschätzen. Letzteres kommt häufiger vor. Es ist wenig ertragreich, die Wichtigkeit, die solchen Formalien beigemessen wird, als Haarspalterei zu belächeln. Halten Sie sich einfach an Vorschläge in der Ausbildungsliteratur; Sie vergeben sich dadurch nichts!

- Schon **vor der Bearbeitung** ist es empfehlenswert, gelegentlich einmal zwei Stunden in der Bibliothek zu verbringen, um sich einen Überblick über die einschlägige Literatur zum betreffenden Rechtsgebiet zu verschaffen. Man kann bei dieser Gelegenheit bereits eine Literaturdatenbank auf Karteikarten oder im PC anlegen, in der die aktuellen Auflagen der wichtigsten Kommentare und Lehrbücher erfaßt werden. Das hat zwei Vorteile: Zum einen erspart man sich so den Streß des Nachsehens unmittelbar vor dem Abgabetermin (»Weiß jemand, ob das hier wirklich die jüngste Auflage ist?«[58]), zum anderen wird diese Datenbank mit der Zeit umfangreicher und kann im Examen noch nutzbringend verwendet werden.

- Stehen Sie bei Ihrer ersten Hausarbeit plötzlich vor der Frage *Die Bibliothek habe ich gefunden, aber wo sind die Bücher?*, so empfiehlt sich ein Blick in die einschlägige Spezialliteratur[59].

- **Fälle am Puls der Zeit**
  Manchmal sind zur Bearbeitung ausgegebene Fälle ganz oder teilweise neueren oder jüngsten Gerichtsentscheidungen nachgebildet. Diese Entscheidungen finden Sie noch nicht in der Kommentar- oder Lehrbuchliteratur und auch nicht in den Registern der gebundenen Fachzeitschriften. Es lohnt sich aber ein Blick in die noch ungebundenen Hefte des jeweils laufenden Jahrgangs, ob

---

56 Hilfreich bei diesem Ansatz z.B. Kosman, Lisa: Juristische Hausarbeiten schreiben leicht gemacht, 2. Aufl. Berlin 1997.

57 Insofern sei auf die einschlägige Literatur verwiesen; vgl. insb. Fahse, Hermann / Hansen, Uwe: Übungen für Anfänger im Zivil- und Strafrecht, S. 7 ff.

58 Diese Information liefert z.B. der Bibliothekskatalog, der in jüngerer Zeit meist schon auf PC geführt wird.

59 Hirte, Heribert: Der Zugang zu Rechtsquellen und Rechtsliteratur, Köln etc. 1991.

nicht erst letzthin der BGH genau die gleiche Frage zu entscheiden hatte wie jetzt die Teilnehmer an der Hausarbeit im Bürgerlichen Recht.

Einen Überblick über die jüngere Literatur einschließlich der Zeitschriftenaufsätze kann man sich mittels der *Karlsruher Juristischen Bibliographie* (vorabgedruckt auf den Umschlagseiten der NJW) oder, aktueller und übersichtlicher, mittels der *Literaturübersicht der JZ* (ebenfalls auf den Umschlagseiten) verschaffen.

Wer Zugang zu juristischen Datenbanken (insbesondere Juris, häufig an den PC-Pools der Fachbereiche verfügbar) hat, sollte diesen nutzen.

Gelegentlich berichtet übrigens auch die – seriöse – Tagespresse über Entscheidungen der höheren Gerichte. Die Recherche gestaltet sich hier aber komplizierter, will man nicht die kostenpflichtigen Zeitungsarchive bemühen. Immerhin haben Sie Zugang zu den aktuellen Tageszeitungen meist der letzten Wochen in etlichen Bibliotheken.

Aktuelle Fälle verlangen übrigens nach aktuellen Gesetzestexten. Auf Dauer dürften in dieser Hinsicht die Loseblattausgaben (Schönfelder, Sartorius etc.) den dtv- und Nomos-Textausgaben überlegen sein; letztere sind dafür nicht so teuer und unhandlich.

- Nützliche und unstreitig erlaubte **Hilfsmittel** in Klausur und Hausarbeit sind Skizzen und Zeittabellen, die man sich aber erst während der Klausur anfertigen kann. Je mehr Personen der Sachverhalt enthält, desto unentbehrlicher wird für die meisten Menschen eine einfache **graphische Übersicht** über die Beteiligten und ihre Rechtsbeziehungen, wie sie auch im Unterricht an der Tafel ständig verwendet wird. Eine **Zeittabelle** anzufertigen empfiehlt sich spätestens, wenn der Fall zahlreiche Datumsangaben enthält und nicht beim ersten Lesen schon klar ist, in welcher Reihenfolge die einzelnen Handlungen geschehen. Weder Skizze noch Zeittabelle gehören aber zur Bearbeitung; sie sind daher nicht mit abzugeben.

- **Nicht die Probleme vermeiden**
  Anders als im täglichen Leben gilt für Hausarbeiten und Klausuren das Prinzip der problemfreundlichen Bearbeitung. Das bedeutet, daß man zwar mit der Wahl eines »einfachen« Wegs nichts falsch macht; man nimmt aber mit dem weiträumigen Umfahren der Probleme dem Korrektor die Möglichkeit, Punkte auf die anständige Bewältigung umstrittener Fragen zu geben. Wer also mehr als nur gerade eben so bestehen will, sollte im Zweifel die Begründung wählen, die den Schwierigkeiten nicht aus dem Weg geht.

- **Keine zu stark ergebnisorientierte Arbeitsweise**
  Es ist nicht sinnvoll, auf ein bestimmtes vorgefaßtes Ergebnis zuzuarbeiten, selbst wenn das eigene Rechtsgefühl sagt, dieses sei die einzig richtige Entscheidung. Für die Bewertung der Arbeit kommt es nicht so sehr auf das Ergebnis als

vielmehr auf die Argumentation dahinter (genauer: davor) an. Man verrennt sich schnell in abwegige Begründungen, wenn man sich des Endergebnisses zu sicher ist. Jedenfalls ist es Zeitverschwendung, darüber zu spekulieren, welches Ergebnis dem Aufgabensteller wohl am besten gefallen würde[60]. Umgekehrt kann das »gesunde Rechtsgefühl« die Funktion eines Korrektivs übernehmen; aber eben erst, wenn Sie das Ergebnis technisch solide abgeleitet haben.

- **Juristische Kreativität**
  Wenn Sie einen Fall nur durch etliche Analogieschlüsse hintereinander lösen können, ist das nicht selten ein Zeichen dafür, daß Sie den vom Fallsteller anvisierten Verlauf der Begründung verfehlt haben. Oft ist es nicht gefragt, Rechtsfortbildung am laufenden Meter zu betreiben. Gerade in Anfängerübungen geht es darum zu zeigen, daß man bereits bestehende Regeln ordentlich anwenden kann. Es gibt aber andererseits gelegentlich Aufgaben, die genau darauf zielen, daß Sie ein aktuelles Problem durch eigenes Nachdenken lösen.

- Umgang mit **Fallvarianten**
  Anlaß zum erneuten Überlegen besteht, wenn in der Variante und dem Grundfall die Ergebnisse völlig übereinstimmen – das hat der Aufgabensteller wahrscheinlich nicht gewollt (anders kann das aber bei ganz unterschiedlichen Begründungen für das gleiche Ergebnis sein). Auch das Zusammenfassen mehrerer Fallvarianten ist selten zu empfehlen: Was der Sachverhalt trennt, soll der Bearbeiter nicht zusammenfügen. Umgekehrt aber: Was der Sachverhalt zusammenfügt, kann der Bearbeiter durchaus einmal trennen.

  In Gedanken **Fallvarianten** nach dem Muster »Wie wäre es, wenn … ?« zu bilden, ist eine typisch juristische Arbeitstechnik. Das hilft beim Durchdenken unklarer Fragen weiter, weil man gerade durch die Konstruktion extremer Fallvarianten besser einordnen kann, ob der gestellte Fall näher am einen oder am anderen Extrem liegt. Zu beachten ist jedoch, daß man diese Überlegungen in aller Regel nicht zu Papier bringen sollte. Es fällt unangenehm auf, wenn Sie nebenher noch eine Reihe von Fällen lösen, nach denen nicht gefragt ist. Manchmal ergibt sich aus der Variantenbildung aber auch ein schönes plastisches Erst-recht-Argument; dieses sollte man dem Leser nicht vorenthalten, aber eben auch nicht in epischer Breite präsentieren.

- Wenn eine **Sachverhaltsinformation** nach bestem Wissen **nicht entscheidungsrelevant** ist, sich aber so liest, als solle sie verarbeitet werden, sollte man sie nur eher nebenher erwähnen.

  Beispiele:   Die Firma des Unternehmens ist handelsrechtlich unzulässig; für die Bearbeitung des Falles kommt es aber nur auf die Entstehung der Gesellschaft, nicht dagegen auf firmenrechtliche Feinheiten an:

---

60 Siehe dazu auch unter Opportunismus, S. 138.

*Zwar ist nach § 19 I HGB die Firma unzulässig, doch beeinträchtigt dies den wirksamen Abschluß des Gesellschaftsvertrags nicht.*

Die Bürgschaftserklärung ist nur mündlich abgegeben worden; zwischenzeitlich hat aber der Bürge auf die Hauptschuld gezahlt.

*Der Formmangel ist nach § 766 S. 2 geheilt, so daß der zunächst nach §§ 125 S. 1, 766 S. 1 BGB nichtige Bürgschaftsvertrag durch die Leistung des B wirksam geworden ist.*

Mit einem kurzen Satz kann man zeigen, daß man das Problem identifiziert und die einschlägigen Bestimmungen gefunden hat (»number-dropping«).

● Eine andere Form des Umgangs mit **Lücken im Sachverhalt** besteht darin, schlicht das gesetzliche Erfordernis zu benennen und dann nicht darunter zu subsumieren

*Ein Anhörungsverfahren im Sinne des § 28 I VwVfG muß stattgefunden haben.*

oder

*Erforderlich ist ein Strafantrag, ⟨Norm⟩.*

Wenn man keine Unterstellung in die eine oder andere Richtung vornehmen will, ist das eine gute Möglichkeit, dem Leser zu zeigen, daß man das betreffende Erfordernis wenigstens gesehen hat.

● **Überschreitung des Seitenlimits**
Vom Aufgabensteller angegebene Seitenbegrenzungen sind verbindlich. Es ist ein Gebot der Fairness gegenüber den Mitstudenten, sich daran zu halten: Auf 40 Seiten kann man leicht mehr sagen als auf 20. Gewöhnlich liegt es aber im eigenen Interesse, sich knapp zu halten: Der Fall ist so angelegt, daß er auf ca. 20 Seiten angemessen zu bearbeiten ist. Außerdem hat der Korrektor nicht nur Ihre Arbeit zu lesen …

● **Auf wen man nicht hören sollte**
Ob man eine Hausarbeit ganz allein oder im Team verfaßt (durchaus sinnvoll, solange jeder noch versteht, was er da eigentlich schreibt, aber Vorsicht: Arbeitsgruppen über vier Personen tendieren zu ineffizientem Arbeiten), ist Geschmackssache. Insbesondere bei der Literaturauswertung kann Arbeitsteilung zu wertvoller Zeitersparnis führen. Man sollte aber darauf achten, an wessen Ratschlägen man sich orientiert. Es gibt eine ganze Reihe erfahrungsgemäß schlechter Ratgeber[61]:

− Studenten höherer Semester

---

61 Die Aufzählung strebt Vollständigkeit an, erreicht sie aber nicht.

*Der Freund von der Ruth is' im 7. Semester und sagt, das sei eindeutig ein Fall von unerwünschter GoA ...*

Der Freund von Ruth ist juristisch nicht sehr begabt und nur durch Zeitablauf bis ins 7. Semester gekommen. Jedenfalls kennt er das konkrete Problem trotz gegenteiliger Versicherungen auch nicht genauer als die Leute, die sich jetzt seit zwei Wochen entnervt damit abmühen.

– Eltern im Anwalts- oder Richterberuf

*Dem Christoph sein Vater is' Anwalt und sagt, die Vertragsverletzung besteht in ...*

*Die Gabi hat ihre Mutter gefragt – die is' Vorsitzende Richterin am OLG – und die hat gesagt, man müßte hier erstmal ...*

Anwälte und Richter arbeiten oft nach anderen Maßstäben als Studenten und sind daher nur ausnahmsweise wirkliche Helfer.

– Die herrschende Seminarmeinung

*Aber die letzten 19 Leute, mit denen ich darüber geredet hab', waren alle der Ansicht, ...*

Hier gilt dasselbe wie von herrschenden Meinungen allgemein: ... Millionen Fliegen können nicht irren. Besonders natürlich, wenn es sich um die Teilnehmer an der Übung im ... -recht handelt.

– Leute, die ihre Ansicht mit auffälliger Selbstsicherheit bekanntgeben

*Ich bin der Meinung, man kann dies und das nur so und so sehen. Übrigens haben sich mir die Herren Medicus und Flume da vollinhaltlich angeschlossen ...*

Dummschwätzer sind gefährlich.

– Die Assistenten, Mitarbeiter und Korrekturkräfte des die Übung veranstaltenden Lehrstuhls

*Die Gabi hat letztens den ... in der Disco getroffen und bei der Gelegenheit ganz unauffällig gefragt, wie man am besten die ... -prüfung aufbaut.*

– Informationen aus zweiter Hand

*Angeblich kennt der Philip einen, dessen beste Freundin schreibt am selben Fall wie wir. Naja, und eine von den Leuten, mit denen sie zusammenarbeitet, hat einfach in der Vorlesung von Prof. ... gefragt, ob man eigentlich ...*

*Also, die Ruth is' doch bei Dick&Doof im Baby-Rep – die haben neulich einen Fall besprochen, da soll ein ganz ähnliches Problem drin vorgekommen sein.*

– Leute, die auf die Bitte um Hilfe nur völlig entnervt oder allzu bereitwillig antworten

*Also, das ist ganz einfach:* ...

– Leute, die zwölf Stunden vor Abgabe der Arbeit anrufen, weil sie die einzig richtige Lösung gefunden haben

*Du, ich hab's!* ...

● Für die **Endkorrektur** einer Hausarbeit sollte man wenigstens einen Tag ansetzen.

Verwenden Sie ein einheitliches Zeichen (### o. ä.) für die redaktionellen Anweisungen, die Sie beim Schreiben der Arbeit in den laufenden Text notieren. Das hat den Vorteil, daß Sie vor der Abgabe noch einmal das Textverarbeitungsprogramm nach diesem Zeichen suchen lassen können; der Korrektor findet dann nicht ständig in den Fußnoten Hinweise wie *Fundstelle ergänzen!* oder *Hier noch ein paar gute Argumente nachtragen!*, die außer gutem Willen und zu oberflächlicher Schlußredaktion nichts dokumentieren.

● **Kürzen**

Es lohnt sich, vor der Abgabe sollten Sie den Text in Hausarbeiten satzweise auf Ergebnisrelevanz prüfen – Faustregel: ca. 5–10% können Sie streichen. Sehen Sie am Ende noch einmal nach, ob Ihre Antworten die Fallfrage beantworten. Antworten auf nicht gestellte Fragen führen zu Punktabzug, besonders wenn sie falsch und umfangreich sind.

Kürzen ist auf verschiedenen Ebenen möglich und nötig. Zum einen sind überflüssige Seiten, Absätze, Sätze zu streichen. Sodann kann man Wiederholungen, die noch nicht einmal eine Bedeutungsnuance präsentieren, weglassen – wenn eine Aussage so wichtig ist, daß sie wiederholt werden soll, dann jedenfalls nicht unmittelbar im Anschluß.

Natürlich gibt es dazu keine allgemeinen Regeln. Gut geeignet für Kürzungen sind aber immer diejenigen Passagen, an deren Erforderlichkeit Sie selbst zweifeln.

Typischer Fall für Kürzungsbedarf:

*Von großer / erheblicher / einiger Bedeutung / Relevanz für ... ist auch ...*

Da der Leser in solchen Aussagen nichts Konkretes erfährt, sollte man sie entweder im nächsten Satz präzisieren oder weglassen.

● **Zusammenfassung von Gedankengängen**

Versuchen Sie, dem Leser die Lektüre zu erleichtern, indem Sie den Text auch optisch strukturieren. Was gedanklich eng zusammengehört, wird innerhalb des Satzes durch Kommata getrennt; etwas mehr Abstand signalisiert das gemeinhin völlig unterschätzte Semikolon. Manchmal hilft auch ein Doppelpunkt. Mehr Distanz kommt durch einen Punkt zum Ausdruck, noch mehr durch Punkt und Absatz, noch mehr durch Punkt, Absatz und Leerzeile, noch mehr durch eine Gliederungsnummer ohne Überschrift (nur bedingt zu empfehlen), noch mehr durch eine neue Überschrift.

Es lohnt sich, den fertigen Text unter diesem Aspekt einmal durchzugehen und für den Leser vorzustrukturieren: Nicht immer ist der Gedankengang auf dem Papier so klar, wie er dem Verfasser im eigenen Kopf erscheint.

- Bilden Sie **Zwischenergebnisse**; je unübersichtlicher Fall und Gutachten sind und je länger keine neue Überschrift kommt, desto dankbarer ist der Leser für ein Zwischenergebnis, zumal

  – wenn angesichts etwas theoretischer Ausführungen der Fallbezug ein bißchen verlorengegangen ist, insbesondere wenn man eine Reihe guter Argumente pro und contra erörtert hat (*Zusammenfassend ist festzustellen / läßt sich festhalten, daß ...*).

  – wenn eine gedankliche Wende kommt (*Nach den bisherigen Feststellungen ist ein Anspruch gegeben. / Scheinbar kann danach A von B ... verlangen.* Dann folgen Prüfung und Bejahung einer Einwendung, z. B. Aufrechnung).

- **Gesamtergebnis** am Ende der Arbeit nicht vergessen; das erleichtert auch die eigene Plausibilitätskontrolle. Hier nennen Sie noch einmal alle bejahten Ansprüche bzw. alle Strafnormverstöße, gegebenenfalls unter Einbeziehung der Konkurrenzen.

- **Abgabefristen**
  Es empfiehlt sich, den in der Aufgabenstellung angegebenen Abgabetermin unter allen Umständen einzuhalten. Hochschullehrer und ihre Mitarbeiter sind froh um jede Bearbeitung, die sie nicht korrigieren müssen. Eine verspätet eingegangene Arbeit werden sie nicht akzeptieren. Nehmen Sie also die Fristen ernst: Spätestens im Staatsexamen ist der einzige natürliche Feind des Kandidaten das Justizprüfungsamt, das in dieser Hinsicht überhaupt keinen Spaß versteht.

Regelmäßig sind die Bearbeitungszeiten so großzügig bemessen, daß die rechtzeitige Abgabe kein Problem ist – Tip: Arbeiten statt Arbeitsmimikry. Manchmal wird es aber doch knapp. In diesen Fällen fällt die persönliche Abgabe im Sekretariat des Lehrstuhls flach; es bleibt nur die Post. Informieren Sie sich rechtzeitig über die Öffnungszeiten der wichtigen Postämter. Am aussichtsreichsten ist oft dasjenige im Hauptbahnhof.

Versuchen Sie es nicht mit dem frei manipulierbaren Freistempler in Vaters/ Mutters Büro – auf den Gedanken sind schon Tausende vor Ihnen gekommen, weshalb freigestempelte Briefe meist nicht akzeptiert werden.

Da Sie nicht wissen können, was die Post und die Poststelle der Universität mit

Ihrer Sendung anstellen, sollten Sie erwägen, diese per Einschreiben mit Rück-
schein zu senden – der Aufpreis beträgt nur ein paar Mark.

Für den seltenen Fall, daß eine Arbeit am Lehrstuhl verlorengeht, ist es zweckmäßig, vor der Abgabe eine Kopie anzufertigen.

- Unbedingt empfehlenswert ist die **Teilnahme an der Besprechung**, die in
der Regel der Rückgabe der Arbeit unmittelbar vorausgeht. Man kann sich
dabei die eigenen Fehler aus erster Hand erklären lassen. Außerdem hilft das,
spätere Blamagen zu vermeiden, wenn man mit einer Rückfrage oder dem
Wunsch nach Verbesserung der Note am Lehrstuhl erscheint.

- **Notenniveau**
Um Enttäuschungen weiträumig vorzubeugen: Die Notenskala ist zwar weiter
als an der Schule; sie wird aber – anders als dort – nur nach unten ganz ausge-
schöpft. Unter Juristen ist traditionell ein »befriedigend« eine passable, ein »voll
befriedigend« eine ziemlich gute Note. Das »sehr gut« ist nach dem Verständnis
der meisten Notengebenden dem professoralen Leistungsniveau vorbehalten.
Nervenzusammenbrüche und hysterische Anfälle (»Ich habe nur 14 Punkte!«)
sind also völlig verfehlt. Die erste Regel lautet: Vier gewinnt.

- **Beschwerden über ungerechte Noten**
Es kommt vor, daß Sie nach der Rückgabe einer Arbeit mit Ihrer Note nicht
zufrieden sind. Laufen Sie in diesem Fall nicht sofort zum Lehrstuhl und quen-
geln. Warten Sie zwei Tage und denken dann erneut nach. Ein weit verbreitetes
Mißverständnis ist es, eine schlechte Note als Bewertung der eigenen Qualitä-
ten als Jurist oder als Mensch überzuinterpretieren. Das ist ganz falsch – es ist nur
eine Note auf eine einzelne juristische Leistung. Es gibt also kaum einen Grund,
eine schlechte Note persönlich zu nehmen. Manchmal geraten die Korrekturen
etwas harsch; bedenken Sie dabei, daß Ihre Arbeit die siebenunddreißigste gewesen sein könnte, in der der Leser über denselben, ihm völlig überflüssig
erscheinenden Fehler gestolpert ist.

Wenn Sie aber bei etwa dreimaligem Lesen der Korrekturbemerkungen und
Ihres Textes immer noch nicht einsehen, was da falsch sein soll, dann schreiben
Sie leserlich auf, was Ihnen nicht gefällt, und bitten um Nachkorrektur. Ma-
chen Sie sich nicht zu viele Hoffnungen; statistisch ist es eher selten, daß Sie eine
bessere Note bekommen. Aber immerhin: Manchmal gibt sich der Korrektor
wirklich zu wenig Mühe. In diesen Fällen sollten Sie darauf bestehen, daß
Ihnen entweder gründlich erklärt wird, warum die Arbeit nicht gut ist, oder
Ihre Note angehoben wird.

Sie erhöhen Ihre Erfolgsaussichten, indem Sie in vollständigen deutschen Sät-
zen erklären, warum die an Ihrer Arbeit geübte Kritik Sie nicht überzeugt.
Traditionell wenig beliebt sind bei den Korrektoren Verweise der Art *Aber der
Holger hat genauso viel Unsinn geschrieben wie ich und trotzdem bestanden.* Das ist

nicht nur ziemlich undifferenziert, es bringt den derart Angesprochenen auch in die Verlegenheit, Ihre Arbeit mit 432 anderen abgleichen zu müssen. Das ist – bei allem Bemühen – nicht zu leisten.

# Stichwortverzeichnis

Die Angaben beziehen sich auf die Seiten.

Stichwortverzeichnis

# Studienliteratur

**Metzner**

Gunther Arzt
## Einführung in die Rechtswissenschaft
Grundfragen mit Beispielen
aus dem deutschen Recht
1996, 206 Seiten, kartoniert,
DM 24,80 öS 181,- sFr 24,80
ISBN 3-472-02758-4

Andreas Hoyer
## Strafrecht Allgemeiner Teil I
JA-Studienskripten Skript 1
1996, 129 Seiten, kartoniert,
DM 28,50 öS 208,- sFr 28,50
ISBN 3-472-02853-X

Jörn Ipsen
## Staatsrecht II
(Grundrechte)
Juristische Lernbücher Band 36
1997, 342 Seiten, kartoniert,
DM 38,- öS 277,- sFr 38,-
ISBN 3-472-02363-5

Hein Kötz
## Deliktsrecht
Juristische Lernbücher Band 8
7. überarbeitete Auflage 1996,
308 Seiten, kartoniert,
DM 39,80 öS 291,- sFr 39,80
ISBN 3-472-02594-8

Wolfgang Naucke
## Strafrecht
Eine Einführung
Juristische Lernbücher Band 3/4
7. neubearbeitete Auflage 1995,
359 Seiten, kartoniert,
DM 44,- öS 321,- sFr 44,-
ISBN 3-472-02388-0

## Wiederholungs- und Vertiefungskurs (WuV)

### FALLSAMMLUNGEN

Band 1
Karl-Heinz Fezer
## BGB Allgemeiner Teil
5. völlig neubearbeitete Auflage 1995,
345 Seiten, kartoniert,
DM 39,50 öS 288,- sFr 39,50
ISBN 3-472-02212-4

Band 2/2
Karl-Heinz Fezer
## Schuldrecht Besonderer Teil
4. völlig neubearbeitete Auflage 1996,
405 Seiten, kartoniert,
DM 46,- öS 336,- sFr 46,-
ISBN 3-472-63350-6

Band 5
Rolf Wank
## Handelsrecht
4. völlig neubearbeitete Auflage 1996,
203 Seiten, kartoniert,
DM 32,- öS 234,- sFr 32,-
ISBN 3-472-02476-3

Band 9
Wolfgang Rüfner/ G.-Christoph von Unruh/
Hartmut Borchert/Stefan Muckel
## Öffentliches Recht I
6. überarbeitete Auflage 1994,
304 Seiten, kartoniert,
DM 38,- öS 277,- sFr 38,-
ISBN 3-472-00153-4

Luchterhand Verlag
Postfach 2352
56513 Neuwied

# Metzner Studienliteratur